SAVON
DE
MARSEILLE

Des mêmes auteures

Maman, pour le meilleur et pour le reste,
Fayard, 2016 ; LGF, 2017.

Sidonie BONNEC Marie DRUCKER

naturel

pour le meilleur et pour le reste

fayard

Avertissement

Les produits et marques que nous conseillons sont susceptibles de changer de composition, recettes, ingrédients entre la date de parution du guide et le jour de votre lecture ! C'est pour cela que nous détaillons le plus souvent possible les ingrédients dont vous devez vous méfier. N'hésitez pas à rester vigilant en étudiant au moment de l'achat la liste des composants avec notre guide et les applications que l'on vous a conseillées.
Et bien sûr, nous n'avons pas été payées pour citer telle ou telle marque, nous choisissons, consommons et recommandons librement !

Avec la collaboration
de Charlotte Leloup

Illustrations
(couverture et intérieur) :
Anne Boudard

Photographie de Sidonie Bonnec
et Marie Drucker :
© Charlotte Schousboe

Création graphique
(couverture et intérieur) :
Delphine Delastre

ISBN : 978-2-21371-197-3

Dépôt légal : octobre 2019

À mon fils, Jean.

À mes enfants, Bonnie-Rose et Timothée,
pour lesquels on dessine un monde meilleur.

VOUS ALLEZ TOUS MOURIR
Tu sucres ton café ?! T'es dingue ?!
Si, je te jure, les tampons donnent le cancer.
Bon... On va devoir se remettre au travail, un nouveau guide s'impose !
Le Monde
Pesticides: Scandales à répétition
Du Pétrole dans le beurre
Cancer: gels douche

Attention, il y a des perturbateurs endocriniens dans notre gel douche ! Des pesticides dans les tampons ! Du mercure dans le poisson ! Des composés organiques volatils dans nos meubles... Comme vous, nous sommes assaillies tous les jours d'informations et d'alertes. Et il en va ainsi dans tous les domaines de la consommation, c'est vertigineux ! Comme vous, nous sommes inquiètes et souhaitons le meilleur pour notre famille et pour nous.

Mais, comme vous, nous étions... paumées ! Alors, depuis quelques années, nous avons testé, étudié, exploré, interrogé, enquêté pour vivre et consommer le plus naturellement et simplement possible.

Naturel pour le meilleur et pour le reste est un guide pour prendre soin de soi sans faire de mal à la planète... ni à sa tête ni à son porte-monnaie.

Alimentation, beauté, enfants, maison et animaux de compagnie, nous vous donnons nos conseils et nos coups de cœur pour vous débarrasser autant que possible de la mauvaise chimie et protéger l'environnement.

Comme dans notre précédent guide – *Maman pour le meilleur et pour le reste* –, nous ne prétendons pas être exhaustives ni parfaites (c'est aussi pour ça que vous nous aimez, non ?) ! Et nous avons conçu ce guide avec l'aide de spécialistes, de médecins et de chercheurs.

On a pensé à tout, maintenant, pensez à vous !

CHAPITRE 1
Miam !

RÉGALEZ-VOUS AU NATUREL

MISE EN BOUCHE

S'alimenter « naturel », c'est retrouver une alimentation en adéquation avec la nature, prendre le temps de sélectionner ses produits, manger un peu de tout sans bannir de son assiette des catégories entières – l'erreur à ne surtout pas commettre ! Se nourrir naturellement, c'est un choix. Mais cela nécessite de trouver des solutions pour gagner du temps, car, de notre côté, nous travaillons (beaucoup), nous avons des enfants (qu'on aime à la folie), et l'envie de profiter de nos copains (tout un programme).
Or l'industrie agroalimentaire a cassé notre façon de consommer. Retrouver un équilibre sans s'en remettre systématiquement au « tout-prêt » demande un poil d'organisation et des astuces pour dénicher VOUS-même les meilleurs produits dans votre secteur, que ce soit pour les courses, les repas, l'art d'accommoder les restes, et nous allons vous y aider !
Côté porte-monnaie, on vous rassure tout de suite : oui, c'est un peu plus cher de se nourrir « naturel », mais pas beaucoup plus, parce que nous allons vous apprendre à consommer, manger, acheter autrement (et souvent moins), en un seul mot : MIEUX !

Nos règles d'or

1) On garde un panier ou un cabas à portée de main pour les courses.
2) On essaie d'éviter de tout acheter au supermarché, mais on ne se stresse pas quand on n'a pas le temps d'aller au magasin bio.
3) « Consommer naturel », c'est prendre le meilleur de chaque enseigne !
4) On consomme local et on retourne chez les commerçants pour acheter sa viande chez le boucher, son pain chez le boulanger, ses fruits et légumes chez un primeur… À chacun son métier !
5) Manger sain, c'est surtout manger frais.
6) Avec les produits de saison, on gagne à tous les coups ! On vous a repéré un petit tableau à accrocher dans un coin de votre cuisine (voir p. 36).
7) Les légumes, on prend toujours bio ? Pas forcément ! 10 minutes à la vapeur à 100 °C, et le tour est joué : ils sont détoxifiés !
8) On cherche les étiquettes courtes (avec le moins d'ingrédients possible) en se méfiant notamment des additifs (E avec des chiffres derrière).
9) On évite les produits qui ont de drôles de couleurs… Non, le tarama n'est pas rose (il est blanc), le saumon n'est pas orange, le jambon n'est pas fuchsia, la mayo n'est pas jaune citron et le sirop de menthe n'est pas… vert fluo (en vrai, il doit être transparent ou proche de la couleur du thé) ! Plus un aliment est coloré de manière artificielle et plus le nombre de colorants et d'additifs est important.
10) Jamais, jamais, jamais de produit « allégé » !
11) Pour ceux ou celles qui ont un jardin…, faites un potager ! Si vous avez peu d'espace sur votre fenêtre, lancez-vous seulement dans les herbes aromatiques (thym, romarin, coriandre, menthe, basilic…), ce sera déjà très bien.
12) On planifie ses repas et on organise notre réfrigérateur pour limiter les dépenses inutiles et le gaspillage. Faites un point « budget alimentation » : regardez ce que vous achetez le plus, où, comment… Cela va vous donner plein d'indications sur votre façon actuelle de consommer.
13) On apprend à déchiffrer les labels.

LE BIO

LE BIO, FIABLE À 100 % ?

Tout n'est pas bon dans le bio ! Il peut être raffiné ou modifié. Certains produits bios, pas si nutritifs, renferment trop de graisses, d'additifs, de sel ou de sucres. En plus, les nappes phréatiques et la pluie qui tombe ne sont plus « pures » : dans l'environnement actuel, les fruits et les légumes 100 % bios n'existent plus, même si les choses changent.
Éplucher les fruits permet parfois de réduire jusqu'à près de 80 % les résidus chimiques alors que le lavage seul est nettement moins efficace. Mais la peau des fruits est généralement la partie la plus riche en vitamines... Alors, que faire ? Manger bio ! Cela reste le premier rempart contre les pesticides et réduit considérablement les risques de cancer.

Notez que les produits bios ne sont pas protégés à 100 % d'une exposition aux pesticides ou aux microbes et qu'il faut donc tout de même les laver !

Détoxifier ses légumes ?

Le bio en fruits et légumes, c'est indispensable quand ils sont consommés crus. Mais pour ceux destinés à la cuisson, ce n'est pas nécessaire !
On peut les « détoxifier » soi-même en les mettant à la vapeur à 100 °C plus de 10 minutes. Les métaux lourds vont tomber dans l'eau. Après vous pouvez continuer votre cuisson. Avec cette méthode, il n'est même pas nécessaire de les laver... mais n'utilisez pas cette eau pour lier un potage par exemple, non, vous la jetez !

LE BIO : À QUEL PRIX ?

Acheter bio revient plus cher, c'est vrai. En tout cas au début car, au fur et à mesure que l'on acquiert de meilleures habitudes, on achète moins mais mieux, on gaspille moins, on s'organise mieux, on trouve des astuces (vous allez voir !)
- L'achat en vrac : exxxxxcellent rapport qualité-prix ! Par exemple : les graines ou les légumineuses sont souvent moins chères, la lessive aussi, grâce à l'absence d'emballage et de coût marketing.
- Cela permet une consommation sur mesure : vous n'achetez que ce dont vous avez envie et BESOIN.
- Moins mais mieux : la démocratisation du bio entraîne de nouvelles habitudes alimentaires... On privilégie la qualité à la quantité. Ça se reflète dans le porte-monnaie !
- Comme dans les supermarchés, les enseignes bios proposent de plus en plus de bonnes affaires et des promotions intéressantes.

Avec ce déluge de pesticides, on a bien fait de sortir couvertes !
BIO
BIO

Les bonnes adresses

Naturalia
Biocoop
Bio c'Bon
La Vie Claire
Les Nouveaux Robinson

En ligne

Le bio en poche : Application développée par l'Agence Bio pour découvrir les points de vente près de chez soi grâce à un système de géolocalisation. On y trouve aussi les horaires des marchés bios, des recettes et des actus.

Coup de cœur

On aime bien les produits « **Reflets de France** » parce que la marque s'associe à des producteurs en région. Les noisettes du Sud-Ouest, les noix du Périgord, la ratte du Touquet…

LOCAL, ANTI-GASPI, ÉQUITABLE

LOCAL

Un « locavore » est un « mangeur responsable », qui consomme des fruits et légumes produits dans un rayon de 100 à 250 kilomètres (ah ouais quand même) autour de l'endroit où il se trouve. Sa devise : « Penser global et agir local. » Réduire les distances et le gaspillage. Et donc son empreinte carbone… Soyez curieux ! Chaque région a ses spécificités alimentaires.

ANTI-GASPI

Le locavore ne gaspille pas ! Plus du tiers des aliments produits sont gaspillés pendant leur transport, le tri dans les usines et la mise en rayon dans les supermarchés. Mais le plus grand gaspillage s'opère chez NOUS !! : 20 kilos de déchets par an et par personne, bim ! Et le pire : 7 kilos d'aliments encore emballés.

Quelques astuces anti-gaspi :

- Vous le savez certainement, mais une bonne option pour limiter le gaspillage, c'est de cuisiner… ses restes ! Les œufs : souvent un bon allié, car l'omelette vous offre une myriade de recettes pour associer vos restes. Le riz sauté ou les tartes salées permettent aussi de faire de vos restes des plats de fête…
- Au restau : n'hésitez pas à demander si le plat est copieux ou pas. Désormais vous pouvez aussi emporter ce que vous n'avez pas consommé… La pratique du « doggy bag » est très courante dans les pays anglo-saxons, elle débute en France et s'appliquera à tous les restaurateurs d'ici 2021.
- Cherchez le label « Mon restau responsable », il est attribué aux restaurateurs engagés dans des pratiques plus responsables : limiter les déchets, privilégier les produits de saison…

Coup de cœur

L'appli Too Good to Go

Le principe de cette application ? Revaloriser les invendus, récupérer ces produits dans les commerces pour lutter contre le gaspillage et faire des économies. Chaque soir, grâce à l'application, les acheteurs peuvent récupérer à petit prix les invendus de la journée. *Toogoodtogo.fr*

Les bonnes adresses

La Louve : il s'agit du premier supermarché coopératif et participatif de Paris. *Cooplalouve.fr*. Il existe aussi le « comptoirlocal » ou « *alancienne.co* ».

En ligne

Baladovore : l'appli qui répertorie les produits locaux en France en suivant les bonnes adresses des chefs. Le volailler d'Alain Passard, le maraîcher de Yannick Alléno...
Mescarottes.com : ce site de « petites annonces de production locale » propose de faire du troc ! Par exemple d'échanger des fruits contre un pot de confiture.
Drivefermier.fr : ce site répertorie toutes les fermes locales partout en France pour des produits 100 % locaux.

ÉQUITABLE

« Protéger notre planète malgré les distances » ? On entend parfois cette phrase, mais on va être très honnêtes, c'est faux... Ben oui, l'empreinte carbone, c'est l'empreinte carbone ! Mais bon, je sais pas vous, mais, nous, on n'a pas envie de manger que des pommes toute l'année. Et puis les fruits « venus d'ailleurs » sont très riches en nutriments et en antioxydants bons pour la santé.
Nous, on aime l'initiative du commerce équitable, car cela établit notamment des chartes pour respecter les droits humains, les conditions de travail, la solidarité avec les petits producteurs...
Comme les revenus perçus par le producteur sont meilleurs, celui-ci peut investir davantage dans la qualité de ses produits. Ça veut dire : meilleures qualités gustatives ! Les prix sont un peu plus élevés, mais on n'hésite pas. Avec modération quand même... car vous avez bien compris, notre but, c'est de nous rapprocher le plus possible de ce que l'on a autour de nous.

En ligne

Le mouvement citoyen Colibris. *Colibris-lemouvement.org*
Producteurs paysans
Équitable.coop
Max Havelaar

LES LABELS

Gardez l'œil ouvert : un bon label n'empêche pas de décortiquer l'étiquette, de regarder la provenance, de s'intéresser à la composition... La plupart ne renseignent pas, par exemple, sur les conditions de « bien-être des animaux » et d'abattage.
Il existe plusieurs labels environnementaux officiels, d'autres créés par des entreprises et des associations, d'autres seulement basés sur un cahier des charges un peu approximatif : on peut vite s'y perdre. Petit topo :

LES LABELS ENVIRONNEMENTAUX OFFICIELS

★ AB Bio : 100 % d'ingrédients issus du mode de production biologique ou au moins 95 % de produits agricoles biologiques dans le cas des produits transformés (absence d'OGM dans la limite de 0,9 %).
★ Haute Valeur Environnementale : cette certification se constitue autour de thèmes comme la biodiversité, la stratégie phytosanitaire, la gestion des eaux, de la fertilisation... En France, elle est le plus haut niveau des trois certifications environnementales.
★ Pêche durable : pour une bonne gestion des mers.
★ MSC Marine Stewardship Council – Pêche durable : idem. Attention, cela vise à aider et à protéger la pêche artisanale mais cela ne garantit pas la façon dont sont nourris les poissons – peut-être sont-ils bourrés de métaux lourds...
★ Nutri-score : il classe le produit au regard de sa composition alimentaire. Cinq lettres sont associées

à 5 couleurs : de A (vert foncé) pour les ingrédients de bonne qualité nutritionnelle à E (orange foncé) pour les aliments à limiter. Attention, certains chercheurs regrettent que le produit alimentaire ne soit réduit qu'à une somme de nutriments sans tenir compte de la façon dont il est transformé...

LES LABELS ENVIRONNEMENTAUX CRÉÉS PAR DES ENTREPRISES, DES ASSOCIATIONS, DES FÉDÉRATIONS PROFESSIONNELLES

- Bio Cohérence : plus strict que la réglementation européenne. La production et la transformation doivent être « Made in France ».
- Nature & Progrès : un cahier des charges précis, comme des fermes 100 % bios, l'interdiction de l'huile de palme dans les produits transformés...
- Demeter : interdiction des produits transformés tels que l'usage de sels nitrités dans la viande ainsi que de nombreux arômes.
- Fairtrade/Max Havelaar : label international de commerce équitable (pas toujours bio).
- BIO partenaire : commerce équitable, agriculture biologique et respect de l'environnement.
- Ecocert : agriculture biologique et commerce équitable traditionnel.

D'AUTRES LABELS FONDÉS SUR L'ORIGINE OU LA QUALITÉ DES PRODUITS

- Label rouge : désigne le produit selon sa qualité de fabrication et de production, agréé par le ministère de l'Agriculture.

Pour s'assurer du bien-être animal, il faut privilégier la mention : label rouge élevé en « liberté » ou « en plein air ».

– « plein air » : le parcours extérieur est clôturé
– « liberté » le parcours extérieur est illimité et sans clôture.

★ AOC/AOP : appellation d'origine contrôlée/protégée. Renseigne sur une zone géographique précise avec un savoir-faire local reconnu. Pas fiable à 100 %, car certains groupes industriels essaient de baisser l'exigence du cahier des charges pour avoir un produit plus facile à réaliser.

★ IGP : indication géographique protégée. Au moins une étape réalisée dans une région précise.

MAIS AUSSI

★ Viandes de France : il garantit que les animaux sont nés, élevés, abattus, découpés et transformés en France selon une alimentation et des normes sanitaires rigoureuses.

★ Bleu-Blanc-Cœur : signale une alimentation saine des animaux.

ET LES NON-OFFICIELS ?

Saveur de l'année, Médaille d'or, Élu produit de l'année : des critères bien trop flous et souvent marketing… On déconseille.

Coup de cœur

C'est qui le patron ?! donne le pouvoir au consommateur. Pour 1 euro, vous devenez membre. Vous avez le droit de choisir, par un vote en ligne, les caractéristiques du produit de la marque : emballage, origine, label « biologique », rémunération du producteur, conditions d'élevage, composition et même le prix !

OÙ ACHETER ?

LES SUPERMARCHÉS

Il y en a souvent un près de chez vous, vous avez « tout » sous la main. Vous pouvez assurer un stock de produits dont la durée de conservation est longue. Attention, les produits bios y sont plus chers… parce que les marges sont plus élevées !
À éviter : les plats préparés, trop gras, trop salés, trop sucrés…

Plus qu'une solution sauvetage, j'aime Picard à la folie !
J'achète des légumes et des fruits déjà préparés en grande quantité, idéal pour les repas de dernière minute et les familles nombreuses. Fruits et légumes surgelés ont gardé

toutes leurs vitamines ! Tous les légumes verts sont remarquables, à cuire encore surgelés dans un peu d'huile d'olive ou à accommoder avec d'autres légumes pour faire un gratin ou une ratatouille. Ils ont une charte qualité, santé, sécurité stricte. En revanche, attention à la chaîne du froid : vous achetez, vous emballez dans un sac isotherme et vous rentrez direct chez vous remettre le tout dans votre congélateur ! Bien entendu, vous ne recongelez jamais un produit décongelé.
www.picard.fr/bio-et-label

Bon à savoir

Le goût change et on peut se le réapproprier.
Si vous adoptez une alimentation saine, des produits naturels et bruts, votre palais ne supportera plus les excès. Vous allez vous surprendre à détecter la moindre quantité de sucre ou de sel en trop ou l'excès de gras qui va vous écœurer. Vous éliminez d'office des dizaines de produits ou aliments mauvais pour la santé !

Savoir lire les étiquettes

- Privilégiez les listes courtes d'ingrédients. Plus elle est courte, moins le produit est transformé et plus vous échapperez aux amidons, huiles végétales, stabilisants, arômes, additifs…
- Regardez l'ordre des ingrédients car ils apparaissent en ordre… décroissant. Si le sel ou le sucre apparaissent en première ou seconde position, on évite !
- Évitez les « arômes naturels » qui n'ont souvent rien de naturel, et tous les exhausteurs de goût.
- On passe son chemin lorsqu'un produit contient des additifs (ça commence par E… voir encadré p. 27).
- Le « Greenwashing » : c'est LE piège à éviter ! Des étiquettes vertes qui donnent l'illusion d'un produit naturel et un emballage marketing qui a tout de celui d'un produit bio.

En ligne

Coup de cœur

L'application **Yuka**. Gratuite ! Il suffit de scanner l'étiquette de votre produit – alimentaire ou cosmétique – pour connaître sa composition notée sur 100 selon trois critères : la qualité nutritionnelle, les additifs et les labels bios. Des graphiques permettent de visionner vos derniers achats ainsi que votre façon de vous alimenter. Quand un produit scanné a une mauvaise note, Yuka vous propose une alternative. Pour certains experts, Yuka n'est pas fiable, car elle se base sur des informations parcellaires et ne prend pas tous les critères en compte. Nous, on adore.

Conseil

Ne jamais faire vos courses le ventre vide ! La faim et la gourmandise vous feront acheter tout ce qu'il ne faut pas (bonbons, gâteaux, plats préparés...) et surtout pas ce dont vous aurez besoin.

Les produits à éviter

- Les colorants azoïques (E102, E104, E110, E122, E124 et E129), associés au benzoate de sodium (conservateur E211). Ils sont présents dans les yaourts aromatisés, les confiseries, les fromages industriels, les chewing-gums ou les boissons alcoolisées.
- L'ammoniaque ou le sulfite d'ammonium (E150c, E150d) sont suspectés d'être cancérigènes. On les retrouve entre autres dans les bières, les soupes, les sodas, le vinaigre ou encore l'alimentation animale.
- Les acides benzoïques et ses sels (E210, E211, E212 et E213). Ils sont ajoutés à des produits tels que les olives, les confitures allégées, les fruits confits ou encore les bières sans alcool.
- Les nitrates et les nitrites (E249, E250, E251, E252), employés massivement dans les viandes transformées et la charcuterie.
- L'acide borique (E284) et le tétraborate de sodium (E285) peuvent nuire à la fertilité ou au fœtus. On retrouve les deux substances dans le caviar (du coup, on n'est pas souvent emmerdé).
- Le butylhydroxyanisol BHA (E320) que l'on retrouve dans les matières grasses et arômes ou des produits comme les céréales de petit-déjeuner.

LES MARCHÉS

Faire son marché, c'est d'abord… ? Mais oui, créer du lien ! Aller à la rencontre de son producteur, de son boucher, de son maraîcher… S'investir dans la vie de sa ville, de son quartier ou de son village. C'est l'occasion de découvrir les artisans locaux, leur savoir-faire, de coller davantage aux saisons – loin du 2.0 qui ne peut pas et ne doit pas être la panacée.

Et puis, difficile sur un marché de stocker des produits. Très souvent, ils sont cueillis la veille. Cela nous apporte l'assurance de trouver des produits pleins de vitamines et de qualités nutritives. Regardez la provenance pour manger de saison et frais, questionnez votre commerçant sur l'origine d'une viande, d'un poisson, les conditions de récolte et les garanties BIOS. Attention, une « filière courte » ne veut pas dire locale : cela signifie simplement qu'il y a un seul intermédiaire.
N'oubliez pas de comparer les prix d'un marché à l'autre...

En ligne
Pour connaître les marchés près de chez vous :
Annuaire. *marchesdefrance.fr*

LES AMAP

L'Association pour le maintien d'une agriculture paysanne est une association dirigée par un collectif de bénévoles qui relie les producteurs aux consommateurs. On s'engage à venir chercher son panier aux points de distribution ou à la ferme toutes les semaines ou tous les 15 jours. Le paiement des paniers a lieu en début d'année ou 2 à 3 fois par an. Ensuite, le choix de la composition appartient au producteur qui laisse libre cours à son imagination selon la récolte et les saisons. Les labels ne sont pas obligatoires. C'est un accord de confiance entre le producteur et le consommateur.
Le plus : l'AMAP s'inscrit dans l'idée de solidarité, de proximité qui intègre un contact humain.
Le moins : on n'a pas toujours le temps de cuisiner son panier ! Il faut penser à s'organiser, s'arranger entre amis... Certaines AMAP vous « imposent » la composition et le contenu de votre panier : renseignez-vous avant !

En ligne
Laruchequiditoui.fr : Cela ressemble davantage à une plateforme e-commerce qui met en contact selon une base de données les producteurs et les clients près de chez eux.

LES RESTAURANTS

Il est très difficile de savoir si l'on mange « naturel » quand on prend ses repas à l'extérieur.
Souvent les restaurateurs vous disent que c'est « fait maison ». Cela peut être tout à fait vrai sans pour autant dire « fait ici, par notre chef, dans notre établissement » ! Une bonne astuce : choisissez le logo « fait maison » représenté par un toit de maison posé sur une casserole. Ce logo est censé (censé...) garantir une cuisine sur place à partir de « produits bruts ou traditionnels ».
Nous, ce qu'on aime, c'est les chaînes bio friendly : des bars à salades, des salades que l'on peut composer soi-même, des soupes, des fruits frais... Lorsque l'on est pressé, c'est le bon plan pour manger sain et équilibré. La plupart de ces chaînes proposent des produits bios et des soupes préparées le jour même, selon une charte écologique qui va au-delà des ingrédients (compost, utilisation de produits ménagers écolos...). Mais, attention, cela revient beaucoup plus cher que le « fait maison ».

Astuce

Moi, ce que je fais quand je sais que je passe toute la journée au même endroit et que je n'aurai pas le temps de sortir déjeuner, je prépare mon en-cas chez moi le matin avant de partir (ou la veille !) et j'en prépare pour les autres aussi ! Les camarades sont ravis : c'est bon, équilibré... Et gratuit !

Les bonnes adresses

Jour
Prêt à manger
Cojean
Exki

À TABLE !

L'assiette, ça réconforte, ça rassemble. Ça panse nos chagrins et ça nous fait voyager. On peut passer tout un repas à parler de ce l'on est en train de manger. On se souvient tous d'un plat de notre enfance. Car, oui, bien manger fait partie de l'éducation. Ce sont des moments privilégiés avec nos parents, nos enfants, nos copains... Une bonne (et belle !) assiette, c'est important. Ça compte.

Que mettre dans notre assiette et notre verre ? Trop gras, trop salé, trop sucré ? Avec viande ou sans viande ? Que faire si on n'a pas eu le temps d'aller acheter nos légumes bios ? De l'eau mais laquelle... Eau du robinet, filtrée, en bouteille ? Quid des gourmandises, bonbons, sucre, gâteaux pour nos adorables enfants (et pour nous, on ne va pas se mentir) ? Et pourquoi, parfois, on croit faire pour le mieux alors qu'on est totalement à côté de la plaque ? Comme on a essayé des tonnes de choses, on est en mesure de vous donner les meilleurs conseils pour une assiette naturelle, belle et sereine (ouais, on aime bien parler comme dans les magazines).

FRUITS ET LÉGUMES

Il y a deux façons de consommer un légume pour deux actions bien différentes.

- Cru : on cherche à favoriser les minéraux et les vitamines.
- Cuit : on utilise le légume pour son aspect nettoyeur. Comme vous dégorgez le légume de son eau, vous le concentrez en fibres. C'est le principe de la « détox naturelle ».

Pour garder un apport en vitamines et en minéraux, n'oubliez pas d'ajouter sur les légumes cuits des herbes aromatiques : le basilic, la coriandre, la ciboulette, le thym, le romarin... pour leurs vertus incroyables.

La soupe

Pour ses vertus, il faut cuisiner la soupe « comme avant »... Exit les blenders et mixeurs. Ce sont des appareils qui détruisent tout. La machine tourne tellement vite que rien ne peut résister... ni minéraux, ni vitamines... En fait, on récupère juste une soupe à l'eau salée un peu parfumée, c'est tout !
Vous avez besoin de la moulinette de nos grands-mères. On coupe les légumes, on les met à mijoter et on mouline ! Très important : remettre tout ce qui n'est pas passé à la moulinette dans la soupe. Car c'est là que se trouvent les fibres, les vitamines et les minéraux.

Quant aux fruits, ce sont les aliments qui contiennent le plus de vitamine C. Ils sont également riches en fibres et en minéraux mais aussi en antioxydants qui aideraient nos cellules à vieillir moins vite et protégeraient notre organisme des maladies cardiovasculaires et inflammatoires, des cancers... et des radicaux libres. Vous ne savez pas ce que c'est, hein ?! Bon : l'oxygène est un élément indispensable à la vie mais, dans l'organisme, il donne naissance à des dérivés qui, chaque jour, causent des dégâts à nos cellules. Ces dérivés sont ce que l'on appelle des radicaux libres.

Les 10 aliments les plus riches en antioxydants

1) Le clou de girofle
2) Le cacao
3) Le thym
4) Les noix et noisettes
5) Le gingembre
6) L'amande
7) La fraise
8) La pomme
9) Les baies de goji
10) Le thé vert et le café

(Source : Bio à la Une)

Attention, les fruits et légumes sont les aliments très touchés par les résidus de pesticides… Certaines catégories de pommes, poires ou pêches cumulent jusqu'à 36 traitements en moyenne. Une fois qu'on a dit ça et qu'on a bien flippé, qu'est-ce qu'on fait ?
On privilégie les fruits et les légumes bios, on réduit les intermédiaires, on déniche les producteurs « comme avant » que l'on connaît et qui nous assurent la traçabilité et des produits sains. Et on mange de saison.

Les fruits et les allergies alimentaires avec le Dr Sophie Silcret-Grieu, allergologue attachée à l'hôpital Trousseau (AP-HP), à Paris

Certaines substances responsables de l'allergie aux fruits sont des protéines de défense. Quand le fruit est agressé par des parasites, il en fabrique encore plus. Donc en matière d'allergies, le bio n'est pas forcément mieux ! On ne peut pas tout attribuer aux pesticides...

On rince ? Plutôt deux fois qu'une ! (En faisant attention à la planète quand même !) En revanche, le trempage prolongé n'est pas conseillé, car beaucoup de micronutriments sont hydrosolubles, ils doivent donc être le moins possible en contact avec l'eau. Donc on rince et on sèche (c'est essentiel pour éliminer les résidus de pesticides) avec un torchon propre, plus écolo que du papier absorbant.

On épluche ? Le moins possible quand les légumes et les fruits sont bios... comme disait mon grand-père, « les vitamines sont dans la peau » (pas faux !). L'objet idéal est la brosse qui permet de débarrasser vos fruits et légumes de la terre ou autres résidus. Un petit coup d'eau, séchage et hop, on consomme cru ou cuit (eh oui c'est valable pour les carottes, courgettes, certaines pommes de terre quand la peau n'est pas trop épaisse, etc.).

Bon à savoir

Un « beau » légume n'est pas forcément gage d'excellence. Lorsque vous choisissez vos fruits et légumes, évitez ceux qui paraissent trop brillants ou trop propres (grossière erreur de débutant). Choisissez même, de préférence, les plus moches et avec des résidus de terre (ils se conservent mieux) et/ou les plus colorés. De plus en plus de restaurants « anti-gaspi » cuisinent à partir de « légumes moches » hors calibre ou difformes.

C'est à la mode : le regrowing... à vos pots en verre !

C'est l'art – et la manière – de faire pousser les légumes et surtout de leur donner une seconde vie. Très utilisé pour les herbes aromatiques et certains légumes comme la laitue, l'oignon, le poireau...
Astuce : plongez la partie inférieure du végétal dans un récipient en verre rempli à moitié d'eau. Ensuite placez-le au bord d'une fenêtre ou d'un endroit éclairé.

5 fruits et légumes par jour ?

Le vrai slogan, lancé en 2001, c'est : « Manger 5 portions de fruits et légumes par jour. » Que signifie une portion ? Environ 80 grammes. Soit deux cuillerées à soupe pleines.

Conseils « citron »

• Si, comme moi, votre passion dans la vie, c'est le jus de citron, ne vous brossez pas les dents tout de suite, car l'acidité rend l'émail plus « souple » et risque de l'abîmer au brossage. Il faut attendre environ 30 minutes.
• Il faut savoir qu'une rondelle de citron traité aux pesticides, glissée dans un verre puis arrosée de boisson gazeuse, c'est ce qu'il y a de « pire » ! Ça libère tous les produits chimiques. D'une manière générale, les agrumes sont fortement exposés aux traitements.
• Prenez systématiquement des citrons bios !

Conseil de Christophe Brusset, ancien ingénieur agroalimentaire

« À ne surtout pas faire : glisser une rondelle de citron dans la papillote... La chaleur et l'acidité du citron favorisent la dissolution d'aluminium toxique dans la papillote, qui sera ensuite ingéré en même temps que le poisson (ou tout autre aliment présent).
On n'emballe pas non plus des morceaux de fruit dans du papier d'alu... »

Un bon livre : Christophe Brusset, *Vous êtes fous d'avaler ça !*, Flammarion.

En ligne

Générations-futures.fr, pour retrouver les récentes études sur les aliments à éviter et ceux à privilégier.
Aprifel.com, l'agence pour la recherche et l'information en fruits et légumes.
Futurs-souhaitables.org... pour un calendrier des fruits et légumes par saison. Un tableau très clair à télécharger.
Santé.lefigaro.fr/mieux-etre/nutrition-aliments/fruits-légumes : *Le Figaro santé* propose une fiche détaillée aliment par aliment avec ses vertus et ses caractéristiques principales.

Lesfruitsetlegumesfrais.com, ce site classe sous forme de tableau tous les fruits de saison (à imprimer et à garder à portée de main dans sa cuisine !) et propose des recettes.

Anecdote : un jour au marché, mon primeur adoré me répond du tac au tac alors que je refuse de lui acheter une mangue venue du bout du monde en plein hiver : « Ok, mais alors je ne veux pas vous voir en couverture d'un magazine sur une plage des Bahamas ! J'en ai marre de ces célébrités (on aime le terme), qui ne mangent que des fruits de saison produits en France et qui ont une empreinte carbone déplorable. » CQFD.

Plus bio que bio

Vous vous souvenez, au début de ce chapitre, on vous avait dit qu'il n'existait plus (vraiment) de légumes bios... Du coup, on a posé la question à un expert : comment reconnaître un bon producteur sur le marché ?
Marc Mascetti est un producteur qui cultive ses fruits et légumes de saison dans l'Essonne. Il travaille en maraîchage avec un savoir ancestral depuis trois générations... Chaque semaine, il vient vendre sa récolte sur les marchés de la capitale.
mascetti-marc.e-monsite.com

Sa réponse :
« D'abord, un producteur se reconnaît à ses mains "pourries", déformées par le travail dans les champs. S'il est en short, il ne doit pas avoir les jambes blanches, elles sont bronzées et il a le teint halé...
Ensuite, demandez-lui comment il a fait pousser son légume. Normalement il est capable de vous donner la variété... Souvent, un commerçant est incapable de vous la citer. Par exemple, pour la salade, on va vous répondre : c'est de la

laitue ou de la batavia. Mais ça, ce n'est pas une variété ! Exemple : c'est une dorée de printemps pour la batavia. Moi, j'ai 5 variétés de chicorée : groumolo verde, castelfranco, santa lucia, pain de sucre et chicorée rouge de Vérone. Aucune n'est identique...
Prenons l'exemple des courgettes, il existe plusieurs variétés : de la tarmino, floridor, géode, ronde de nice, safari. »

VIANDE

Un petit exemple sur l'impact de la viande sur la planète ? La production d'1 kg de viande émet 5 à 10 fois plus de gaz à effet de serre que celle d'1 kg de céréales. (Source : ADEME.) Nous les premières, nous en consommons moins mais mieux. On va l'acheter où ? Chez un boucher de confiance !

Bon à savoir : viande rouge et cancer ?

Dans la viande, il existe 3 parties consommables : la chair musculaire, les abats et la charcuterie. La viande blanche provient du porc, du veau, du lapin et de la volaille comme le poulet par exemple. La viande rouge provient du bœuf, de l'agneau, du mouton, du cheval, des abats et du gibier sauvage. Une étude de 2015 a classé la viande rouge et les viandes transformées dans les produits probablement cancérigènes pour l'être humain. 34 000 décès par an dans le monde seraient liés à une alimentation riche en viandes transformées, et les régimes riches en viande rouge pourraient être responsables de 50 000 morts par an – bien entendu, il faudrait connaître les habitudes de vie de chacun, ce n'est pas la seule consommation de viande qui tue ! Par comparaison, la consommation de tabac provoque un million de morts par cancer par an environ dans le monde.
Bon maintenant que vous n'avez plus du tout envie de manger de la viande, sachez qu'à dose raisonnée ça apporte plein de choses : beaucoup de protéines, du fer et du zinc. Il est conseillé de ne pas consommer plus de 500 grammes de viande par semaine (l'équivalent de 3 steaks environ) et 150 grammes par semaine pour la charcuterie.

Source : Paul Benkimoun, « La viande rouge est "probablement" cancérigène », *Le Monde*, 26 octobre 2015, d'après une étude de l'organisme indépendant Global Burden of Diseases Project.

Nos règles d'or

1) Une bonne viande est légèrement persillée (les fibres sont entremêlées dans des sillons de graisse).
2) Toujours manger la protéine animale avec des fibres concentrées... donc on n'oublie pas les légumes cuits (les fameux nettoyeurs !).
3) Choisir des viandes en circuits courts pour éviter les toxines et antibiotiques. Soyez sûr d'une traçabilité avec le moins d'intermédiaires possible.
4) S'assurer que l'animal a bien été traité, élevé en liberté, et que votre viande sort d'abattoirs respectueux. Si une bête est stressée, ses chairs se nouent et la viande sera plus « acide » au goût.
5) Lorsque l'on privilégie les races rustiques, on s'assure souvent d'une meilleure qualité car ce sont des animaux qui résistent mieux aux parasites et reçoivent moins de médicaments.
6) Demander et choisir une viande d'origine française !
7) Acheter chez un bon boucher et poser des questions sur tous les éléments ci-dessus !

La charcuterie

Elle ne possède pas l'intérêt nutritionnel de la viande, surtout quand il s'agit de charcuteries grasses. Elle contient beaucoup de sel. Le principal responsable de la « charcuterie cancérigène » : son traitement au nitrate de potassium et au nitrite de sodium, alias E252 et E250 – lisez bien les étiquettes ! C'est le contact avec la viande qui les rend cancérigènes : ils réagissent avec les protéines de viande pour se transformer en nitrosamides, qui créent des mutations de cellules cancéreuses dans le gros intestin.
On privilégie donc les saucissons fabriqués selon un savoir-faire traditionnel, sans nitrite (bon courage, car il y en a peu)...

Bon à savoir

Pour le jambon, on préfère les crus aux cuits. On choisit un jambon « supérieur », car cela garantit l'absence de polyphosphates, et issu de porcs fermiers, élevés en liberté.

Le jambon de Parme est le seul jambon garanti sans nitrite et nitrate (sans colorant ni arôme artificiel). Quelle que soit sa marque. Une décision du Consortium du Jambon de Parme depuis 1993 !

Les produits cuits ou étuvés (jambon blanc, saucisses, mortadelle, jambonneau) n'ont normalement pas de couleur. Autrement dit, un jambon très rose... c'est mauvais signe !!!

Un jambon ne doit pas être trop suintant, trop brillant, ses fibres musculaires doivent être visibles, comme la viande, on doit retrouver des petits « îlots » de gras. La mention « allégé en sel » n'est pas conseillée, cela ne veut « rien dire ». La couenne est aussi un gage de qualité et elle donne plus de goût au jambon. C'est le gras qui donne la saveur !

Les saucisses « Knacki » n'ont de « saucisse » que le nom... Elles sont composées de mélasse à base de résidus de viande grattés sur les os (d'où l'appellation « riche en calcium » sur le paquet).

Un bon livre : si vous voulez débusquer les mauvaises pratiques : *Cochonneries. Comment la charcuterie est devenue un poison*, de Guillaume Coudray, La Découverte.

Les conseils d'un pro, Romain Lebœuf, meilleur ouvrier de France et vice-président du syndicat des bouchers-charcutiers-traiteurs

« **Privilégiez les terroirs**
Pour la viande : la charolaise, la normande, la limousine
Pour la volaille, un poulet de Bresse
L'agneau berrichon...
Le label rouge est souvent une bonne référence.
Mettez-vous aux fourneaux : attention, ne piquez jamais votre viande ! Pendant la cuisson, retournez-la délicatement, sinon tout le jus sortira et elle se desséchera. Et pensez toujours à demander des conseils de cuisson à votre boucher. N'oubliez pas qu'il est souvent bon cuisinier. »

POISSON

Contrairement à un bon producteur de fruits et légumes, là, on ne peut pas vous dire : « Allez aux champs, assurez-vous qu'il n'utilise pas de pesticides, demandez-lui comment il cultive sa terre… » Chaque minute, l'équivalent d'un camion poubelle de plastique est déversé dans l'océan. Des microparticules de plastique ont même été trouvées dans de nombreuses espèces de poissons et de fruits de mer vendus pour la consommation humaine. Et attention, on va vous sortir le chiffre qui tue : trois quarts des achats de poissons frais sont effectués dans les hypermarchés.

On n'oublie pas, le poisson, c'est important, cela nous apporte quelque chose de précieux : les oméga 3 – cet acide gras essentiel que notre corps ne sait pas fabriquer. (Au passage vous les retrouvez aussi dans les graines de lin, les fruits à coque et les œufs.)

Donc, on en mange quand même, mais avec diversité et modération.

Astuce

Moi, je ne fais confiance qu'à mon poissonnier. Je le connais depuis des années, il travaille en famille, il va à Rungis TOUS les matins et pas seulement deux fois par semaine comme d'autres que j'ai essayés – et j'ai tout de suite vu la différence. Par ailleurs, il me conseille et me donne des idées de recettes ! Je préfère manger un peu moins de poisson – d'ailleurs il ne faut pas en manger trop ! – plutôt que de l'acheter moins cher dans un supermarché et ne pas tout savoir de sa provenance (Comment a-t-il été nourri ? Pêché ? Est-ce une espèce menacée ?). Mais c'est compliqué, car il existe encore peu de petits poissonniers qui passent par des réseaux d'AMAP par exemple. Il faut vraiment chercher autour de vous, vous renseigner pour élire le meilleur.

Nos règles d'or

1) Encore une fois, privilégiez le moins d'intermédiaires. Cherchez sur les marchés les producteurs locaux, sérieux et fiables. Comment les repérer ? Par la diversité de leurs poissons ! Le bon indice : fuyez les étals trop rose orangé qui ne contiennent – pour résumer très simplement – que du saumon et de la crevette... C'est louche !
2) Par définition, un poisson sauvage ne peut pas être bio : on ne contrôle pas ce qu'il mange.
3) Pour le poisson d'élevage, le label BIO renseigne sur la qualité de l'eau, l'absence d'OGM... mais vous n'aurez pas toutes les garanties (polluants ? antibiotiques ?...).
4) Évitez les poissons carnivores et les « vieux poissons » (pour limiter les protéines polluées et les métaux lourds), comme par exemple le thon, le requin, l'espadon. Préférez les petits poissons : sardine, maquereau, hareng, anchois...
5) Comme pour la viande, on vise local : privilégiez le poisson des côtes françaises !
   Le lieu, le merlu, la sole, la sardine, le thon du golfe de Gascogne plutôt que le thon de l'océan Indien...
6) Peu de labels fiables pour le poisson. Citons quand même Pavillon France (qui atteste que votre produit a été pêché en mer par un bateau battant pavillon français. Le cahier des charges est assez strict et garantit une fraîcheur et une pratique de pêche durable et responsable) et le label rouge (un bon indice pour renseigner sur la qualité de l'eau et de l'alimentation).

Bon à savoir

Un poisson frais est très raide. Il doit tenir à l'horizontale et pas se courber sous son poids ! L'œil doit être « rebondi et brillant », les ouïes bien rouges. Il doit être « bombé » et surtout pas creux ! Un poisson frais ne doit pas « sentir le poisson » mais la marée... nuance ! La peau doit être brillante, gluante, avec une « couleur franche » et les écailles doivent être irisées. On préfère les poissons entiers plutôt qu'en filets. C'est un gage de qualité. À moins que votre poissonnier ne lève les filets devant vous.
Attention à certains saisonniers : surtout pas de bar de ligne entre janvier et mars, car c'est la période de reproduction.
La coquille Saint-Jacques seulement entre octobre et décembre (une coquille Saint-Jacques au mois de mars est très souvent importée d'Amérique du Sud). L'huître se consomme uniquement

les mois en – BRE (septembre, octobre, novembre, décembre) sinon vous avez affaire à des huîtres triploïdes, génétiquement modifiées !
Attention à la mention « pêche artisanale », peu fiable. Soyez attentif à la méthode de pêche. Depuis 2014, l'étiquette doit préciser quel genre de pêche (au chalut de fond, à la ligne ou au casier, à la main comme les coquilles Saint-Jacques). Il faut éviter la pêche au chalut, qui détruit l'écosystème.

Coup de cœur

La marque **Golion** qui atteste d'une pêche artisanale (dite « au petit métier » dans le golfe de Lion...). Elle cherche à respecter la diversité saisonnière des espèces et des techniques de pêche.
Golion.fr

En ligne

L'association des ligneurs de la Pointe de Bretagne, qui valorise le pêcheur ligneur comme l'artisan d'une exploitation durable et raisonnée des ressources marines. Avec des profils d'exploitation, des ports d'attache, des recettes, etc.
www.pointe-de-bretagne.fr
Poiscaille, c'est une sorte d'AMAP qui propose un « circuit court de la mer ». Le poisson est sauvage et 100 % français, « pas d'élevage, pas de chimie », les prises sont attrapées en France, en milieu naturel, les pêcheurs doivent pratiquer une pêche durable et respectueuse de la mer. Ce réseau rémunère les pêcheurs au juste prix selon une charte éthique et le délai entre la pêche à bord du bateau et votre assiette doit être de 48 heures maximum.
www.poiscaille.fr.
L'Association des ostréiculteurs traditionnels permet d'identifier les huîtres nées en mer et donc de s'assurer d'un gage de qualité.
www.ostréiculteur.fr

Le saumon… À toutes les sauces ?

Oui, c'est l'un des poissons les plus consommés… Alors même que c'est l'un des plus gras et qu'il conviendrait d'en manger moins que nous ne le faisons : près de 3 kilos frais ou fumé par personne et par an en France.
Les « bons saumons d'élevage » sont très rares et chers… Ils sont souvent plus petits mais d'excellente qualité. Le saumon sauvage est donc à privilégier, mais à condition de s'assurer d'une production respectueuse…
Quelle alternative au saumon ? La truite d'élevage est souvent française. Ce sont de plus petits élevages… Et c'est un poisson qui est aussi très fin.

Coup de cœur
Le saumon d'Isigny, produit en Normandie, est nourri sans huiles végétales, ni colorant de synthèse, ni antibiotiques ou pesticides.
www.saumondisigny.fr

ŒUFS

Il existe 4 types d'élevages :

- Plein air : des petites poulettes toute la journée à l'air libre dans un espace clôturé avec minimum 4 m² – la folie – chacune.
- Biologique : l'alimentation provient principalement de la ferme ou d'exploitations de la même région. La journée, les poules ont accès à un parcours en plein air. Règles strictes encadrant le recours aux médicaments vétérinaires.
- Au sol : elles sont élevées dans des bâtiments identiques à ceux de l'élevage en plein air. 9 poules par mètre carré. Elles ne sortent pas du bâtiment.
- En cage : les poules sont élevées dans un bâtiment et en cages.

La coquille ne garantit pas une barrière à toute invasion ou produits chimiques. Les œufs peuvent donc contenir des polluants comme le PCB, des résidus de pesticides, etc.
L'idéal, c'est d'acheter vos œufs chez un artisan ou directement chez l'éleveur. Si c'est compliqué, vous pouvez opter pour le label rouge ou un œuf bio (dans les magasins bios, certains œufs sont issus de fermes familiales dans un rayon proche du vôtre. Il faut toujours privilégier les petites exploitations). Il existe aussi d'excellents « œufs fermiers ».

Décrypter le code de l'oeuf.

On privilégie toujours les chiffres 0 et 1 à gauche.

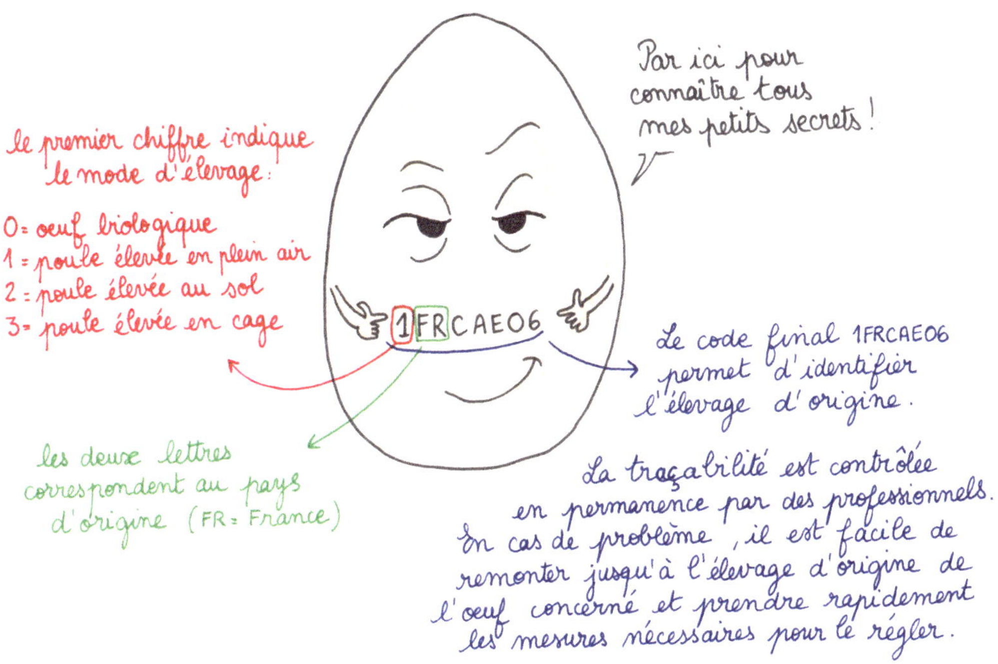

Chaque élevage possède ainsi son propre code !

Bon à savoir

Les œufs ne se conservent pas au réfrigérateur. Et dans les fermes quand les réfrigérateurs n'existaient pas, hein ? Et dans votre supermarché, ils sont au réfrigérateur ? Ben non !
Un doute ? Plongez-le dans un verre d'eau froide, s'il reste au fond on peut le consommer, s'il flotte, on le jette !!!
On ne consomme pas un œuf fendu...

Coup de cœur

Deux entrepreneurs ont lancé une start-up originale « **Poulehouse, l'œuf qui ne tue pas la poule** ». Ils ont ouvert un refuge pour les poules pondeuses de plus de 18 mois. 50 millions de poules naissent chaque année en France et sont abattues à l'âge de 18 mois alors qu'elles pourraient vivre encore 7 voire 10 ans. Avec cette start-up, l'idée est de créer un nouveau système d'élevage bio avec un mode de production sans abattage. Où trouver ces œufs bios ? Il existe 250 points de vente dont les Franprix, Monoprix, Biocoop parisiens et bientôt dans plusieurs dizaines de Naturalia franciliens.
www.poulehouse.fr

PRODUITS LAITIERS

Supprimer les produits laitiers ?

Le médecin nutritionniste Laurent Chevallier est contre : « Ils ont 3 intérêts :
- des protéines d'origines animales pas chères et de bonne valeur biologique : fromage, lait, yaourts et kéfir ;
- apport en vitamine B12 (nécessaire à la fabrication des globules rouges) ;
- apport en calcium. »

Lait

Sa consommation en France ne cesse de baisser : intolérance au lactose, débats sur l'alimentation des animaux, présence d'antibiotiques, apports nutritionnels discutables, causes écologiques... De nombreux spécialistes établissent même un lien entre l'arthrose et la consommation de lait. Bref, les « laits végétaux » sont de plus en plus prisés.

Le lait animal

Le lait de vache existe sous 3 formes :

- le cru : qui ne subit aucun traitement thermique. On n'en trouve presque plus sauf dans les ventes directes.
- le frais : il est pasteurisé ou microfiltré, on le trouve au rayon réfrigéré.
- le stérilisé : UHT (Ultra Haute Température), il se conserve à température ambiante.

Quid du lait de vache bio ? Les éleveurs doivent respecter les principes bios, pas d'engrais sur les pâturages, pas de pesticides de synthèse dans les fourrages, les traitements des animaux doivent être encadrés... mais dans les faits, les résultats ne sont pas toujours 100 % fiables.
Par exemple, le lait « matin léger » n'est pas bio, mais il est très purifié. Vous verrez qu'un enfant intolérant le digère très bien. Parfois, il s'agit juste d'une intolérance aux déchets qui se baladent dans le lait...
Et les autres ? La composition nutritionnelle du lait de chèvre est équivalente à celle du lait de vache. Le lait de brebis est moins calorique, plus gras et riche en protéines. Ils sont plus digestes ! Idéal pour les enfants. Les laits de jument ou d'ânesse, de plus en plus à la mode, contiennent beaucoup de lactose.

Le lait végétal

Ce sont bien souvent des « jus végétaux » réalisés à base d'oléagineux ou de céréales. Ils se caractérisent par l'absence totale de lactose. On peut aussi les utiliser pour la cuisine et les pâtisseries. Attention, certains contiennent finalement très peu du produit annoncé, mais beaucoup de sucre. Nous vous conseillons de les acheter dans les magasins bios ou spécialisés pour éviter les additifs et le sucre. Vérifiez qu'il n'y a pas d'arômes artificiels, conservateurs, stabilisants... Et pour les « sans gluten », toujours vérifier qu'ils sont bien « sans », cela doit être spécifié sur l'emballage !

★ Le lait de soja : c'est le plus connu et le plus controversé. Car, s'il est riche en fibres, en antioxydants ou en protéines végétales, le soja contient aussi des isoflavones ou phytoestrogènes, substances qui agissent dans l'organisme un peu à la manière des hormones féminines – avec évidemment un effet bien moindre. Sans le diaboliser, buvez-en avec modération car sa consommation répétée peut provoquer des perturbations hormonales. Il n'est absolument pas indispensable à une alimentation équilibrée, encore moins pour les enfants.

Le SOJA pour Laurent Chevallier, médecin nutritionniste

« Le soja, originaire d'Asie, est cultivé un peu partout dont aux États-Unis. Pour suivre le raisonnement écolo, on peut déjà se demander si on doit continuer à le consommer ! Ensuite, chez les personnes asiatiques, il est protecteur alors que chez nous, il ne l'est pas.
Pourquoi ? Son mode de transformation n'est pas le même dans notre système digestif. En Asie, on n'a pas la même flore digestive qu'en Europe. »

★ Le lait d'amande : parfois un peu amer mais sans gluten. C'est l'un des plus riches. Vitamines A, B, E, effet antioxydant, apports en minéraux, fer et fibres. C'est un choix plus intéressant pour sa teneur en calcium et en bons acides gras.

- Le lait de riz : assez neutre en goût, il permet la transition entre lait de vache et lait végétal… naturellement sucré, digeste et sans gluten, riche en calcium, magnésium, vitamine B, minéraux, glucides lents… Attention cependant, le riz ne favorise pas le transit.
- Le lait de noisette : son goût est très prononcé et se marie très bien avec le cacao. Il est reminéralisant : calcium, fer, magnésium… En revanche, attention, il est assez sucré. Plus adapté aux sportifs !
- Le lait d'avoine : il ne contient pas de graisses, fortifie le système digestif et donne la sensation d'être rassasié. Il contient des antioxydants et de la vitamine E. Mais aussi du gluten.

D'autres laits végétaux sont « à la mode », comme les laits de quinoa, châtaigne, sarrasin, millet, épeautre… Attention, le lait de petit épeautre contient du gluten. Trouvez vos préférences et cherchez de bonnes recettes !

Les bonnes marques

Désormais dans tous les supermarchés et les magasins bios.
Lima
Bonneterre
Bjorg (sauf le lait d'amande au chocolat, trop sucré)
Alpro

Bonus : vous pouvez réaliser votre lait végétal à la maison ! Le lait d'amande est le plus facile à faire. (Attention, sa durée de vie est réduite : 1 à 2 jours.) Mettre à tremper pendant une nuit des amandes biologiques non émondées. Rincer, mixer avec environ 3 fois le volume d'eau puis filtrer. Certains ajoutent de la vanille, des épices, des dattes…
Il est périmé lorsque son odeur et son goût sont désagréables et quand sa texture devient gluante.

Beurre et margarine

Beurre cru, extra-fin, de baratte, light, demi-sel, breton ou d'Échiré… Comment s'y retrouver ?

★ Le beurre cru est obtenu exclusivement à partir de crème n'ayant subi aucun traitement thermique. Conséquence de ce savoir-faire très traditionnel que l'on achète chez les fromagers, les producteurs, à la ferme, il se conserve peu de temps, 30 jours environ. Personnellement je déteste le beurre qui commence à « sentir » ou à devenir jaune ! Je le garde pour cuisiner et j'ai toujours un beurre ultra-frais pour les tartines.

★ Les beurres « fin » et « extra-fin » sont des beurres pasteurisés, qui se conservent 60 jours. À noter : le beurre fin est le seul à contenir des matières premières congelées.

★ Le beurre de baratte : aujourd'hui, 90 % des beurres français sont fabriqués en quelques minutes dans des butyrateurs, des machines qui fabriquent le beurre en continu. En revanche, le beurre de baratte est le résultat d'un processus lent… 23 heures de travail au total. Du coup, il est plus cher, forcément. Attention à la mention « baratté » qui signifie juste « malaxé ». On choisit donc un « beurre de baratte ».

Attention, on regarde l'origine de la mention « lait » ou « crème ». La réponse ? France bien sûr ! Si vous voyez « origine Union européenne », vous reposez. Le local toujours !

Coups de cœur

Privilégiez les beurres bios avec la mention AB ou les AOC : le beurre Charentes-Poitou, le beurre d'Isigny, le beurre des Deux-Sèvres et le beurre de Bresse.

Bon à savoir

Il n'est pas vraiment conseillé de cuire du beurre. En tout cas, ne jamais le laisser noircir. Une petite poignée de gros sel et un feu pas trop vif l'empêcheront de brûler. Il existe du beurre clarifié spécialement réservé pour la cuisson. Vous pouvez le faire vous-même... Vous le faites chauffer dans une casserole à feux doux et ensuite vous enlevez l'écume qui est au dessus. Il est allégé, mais en revanche plus concentré en matières grasses.

Coup de cœur

Le beurre de la marque « C'est qui le patron ?! ».

Et les margarines ?

Ce sont en fait des huiles végétales, souvent vendues comme une alternative pour l'équilibre du cholestérol. Mais bof... Attention aux acides gras trans : ils augmenteraient le risque de maladies cardiovasculaires. Franchement ? Nous, on n'aime pas la margarine. Un produit très (trop !) transformé.

On préfère le beurre et certaines huiles, ou encore de la purée d'oléagineux (amande, noisette, sésame...) que l'on peut même faire soi-même.

LA RECETTE : faire tremper une nuit vos oléagineux, puis rincer et mixer...

Yaourts

Les desserts lactés sont tout sauf naturels. Ils sont très chimiques, chargés en arômes et émulsifiants, lipides et sucres, additifs, épaississants ou correcteurs d'acidité.

Contrairement à ce que l'on pense, les produits laitiers ne sont pas essentiels à un régime alimentaire équilibré, car on peut trouver les apports nécessaires en calcium et en protéines dans d'autres aliments. Mais ils en représentent tout de même une bonne source et surtout un apport en yaourts favorise la santé buccale, équilibre le taux d'acides dans la bouche et empêche la prolifération des bactéries souvent responsables de la mauvaise haleine. Alors, on garde ? Oui, mais on fait le tri !

Astuce

Rien de mieux qu'un yaourt nature, bio auquel on ajoute du miel, un coulis de fruits frais ou de la crème de marron...

Coup de cœur

Le nature bio de **Danone**
Yahourt au lait de brebis nature ou à la châtaigne de **Vrai**
Brassé au lait de chèvre de **Soignon**

Le light

L'allégé ne fait pas maigrir ! C'est une arnaque marketing. C'est consommer d'autres produits mauvais pour nous, et avec un effet néfaste sur la prise de poids.

L'avis de Christophe Brusset, ancien ingénieur agroalimentaire, sur le light

« La norme pour alléger (sucre, gras ou sel) est de retirer environ 25 % de l'élément. Cela fait 4 grammes de matières grasses par yaourt. Or, les matières grasses apportent goût et onctuosité. Le produit sera insipide et sans tenue.
Il faut surtout comprendre que ce que l'on enlève est remplacé par autre chose : des émulsifiants et additifs, et des édulcorants très mauvais pour la santé. L'allégé va juste abîmer votre estomac, votre flore intestinale, votre système immunitaire. »

Astuce

Choisissez le « vrai beurre » : 82 % de matières grasses, 16 % d'eau et 2 % de matières sèches.
Et pour la crème ? Allégez-la vous-même... Achetez une vraie crème fraîche épaisse que vous pouvez couper avec un peu de lait.

Le 0 %

À ne pas confondre avec le light !

Voyons ce qu'en dit Kahina Oussedik-Ferhi, docteur en biochimie moléculaire et alimentaire directrice associée du cabinet Libre Forme 8

« Pour les yaourts et le fromage blanc, le 0 % signifie qu'entre le lait de la vache et le produit fini il y a eu plusieurs étapes de purification. Plus le lait est purifié et plus on le débarrasse des toxines, des facteurs de croissance, des hormones et des médicaments. J'utilise le 0 % dans mes programmes alimentaires, pas pour les régimes, mais pour lutter contre les intolérances et améliorer la digestion. Il faut juste bien regarder l'étiquette et prendre "100 % lait de vache, brebis". Si vous voyez "lait déshydraté ou fécule" : ne pas acheter.
Si les yaourts bios n'ont pas leur place dans votre budget, mieux vaut privilégier les 0 %. »

Fromage

Évidemment, les fromages, c'est comme les fruits, les légumes, la viande... Ça ne s'achète de préférence pas dans la grande distribution. On se les procure directement auprès d'un producteur ou dans une bonne fromagerie.
Il est vrai que c'est un peu plus cher. Alors, on peut toujours acheter du fromage à la coupe dans son hypermarché habituel. Mieux que les fromages sous vide et très transformés du rayon frais.

Les autorités sanitaires recommandent aux femmes enceintes, aux personnes immunodéprimées, aux personnes âgées et aux enfants de moins de 5 ans d'éviter les fromages au lait cru, plus facilement contaminés par des bactéries.

- Le bio : ça reste évidemment un bon gage de qualité, sans engrais chimiques, pesticides ni OGM. Mais encore une fois, ce n'est pas une garantie à 100 % d'excellence.
- Le fermier : un fromage fermier est fabriqué par un producteur dans son exploitation, avec son propre lait et son propre troupeau.
- AOP : 45 fromages bénéficient de la certification AOP (appellation d'origine protégée). Cela atteste d'un savoir-faire reconnu dans une région précise. Quelques exemples : la fourme d'Ambert, l'époisses, le saint-nectaire, le brie de Melun, le bleu des Causses, l'ossau-iraty…
- Les saisonniers : eh bien oui ! Les fromages aussi se consomment selon les saisons. Par exemple, les chèvres, c'est plutôt en été (cela correspond au cycle de lactation, le moment où l'animal produit du lait. Et la période dure environ 8 mois).

La guerre du camembert

Faut-il privilégier la mention « de Normandie » ou « Fabriqué en Normandie » ? La première ! Il est fabriqué avec des vaches normandes sur un périmètre géographique précis. Les camemberts « fabriqués en Normandie » n'ont pas de contrainte de production ni de contrainte géographique et utilisent du lait pasteurisé (et non du lait cru) pour faciliter l'exportation.
Mais la guerre du fromage est déclarée car, en 2021, l'appellation d'origine protégée (AOP) pourrait s'appliquer aux camemberts à base de lait pasteurisé… Une mesure qui provoque l'inquiétude des producteurs.

PRODUITS CÉRÉALIERS

Avec les pommes de terre et les légumes secs, ce sont les seuls à fournir des glucides complexes comme l'amidon. La quantité conseillée est de 500 à 700 g par jour. Le blé, le riz et le maïs sont les plus consommés, mais on constate un retour des rustiques, plus naturels : seigle, orge, épeautre, sarrasin, sorgho, millet, kamut, quinoa, avoine...

Les céréales raffinées sont dépossédées des deux parties de la graine qui sont extrêmement nutritives : le son, le germe.

- Le son : riche en fibres (qui favorisent notamment la satiété et le transit) en antioxydants, en vitamines B et en minéraux comme le zinc, le fer, le cuivre, le magnésium qui aide à lutter contre la fatigue et le stress...
- Le germe : renferme des vitamines E et B, des antioxydants et des nutriments indispensables aux apports journaliers.
- Il y a aussi l'endosperme : contient des glucides complexes

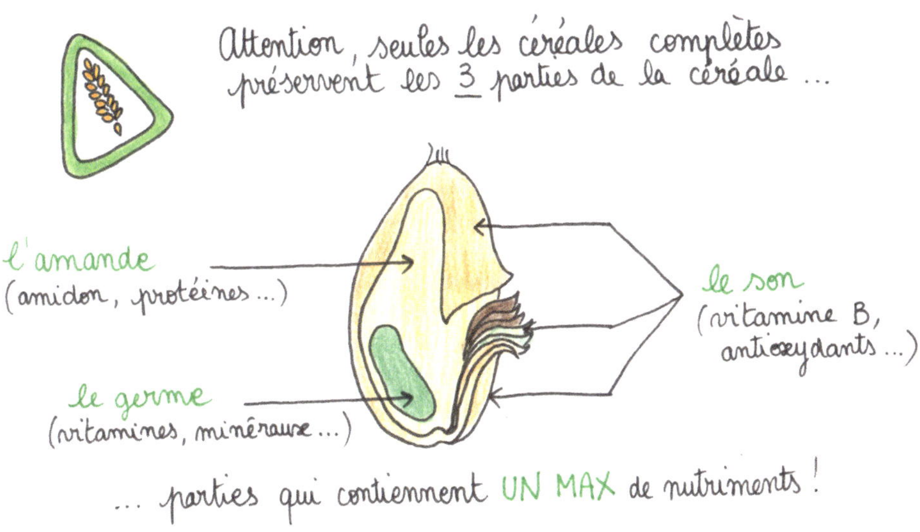

qui ne provoquent pas de pic de glycémie – des protéines, des minéraux et des vitamines en petites quantités.
Bref, on bannit les raffinées et on privilégie les céréales brutes ! Comment les repérer ? Attention : il est préférable d'acheter ses céréales bios, car si l'enveloppe de la graine est riche, c'est aussi dans cette enveloppe externe que se concentrent les pesticides.
La vraie astuce : faites vous-même vos céréales ! Achetez vos céréales brutes et séparément, puis garnissez-les à l'envi. Si vous voulez faire un granola, par exemple, ajoutez du miel, des noisettes et passez au four.

Bon à savoir

Bios ou pas, plus les céréales sont croustillantes, plus elles sont chargées en sucre !
Pour les intestins fragiles, les céréales sont à consommer avec modération.

Les céréales

★ L'avoine et l'orge : parmi les plus riches en graisse insaturée (bon gras), fortifiante et rassasiante, qui aide à baisser le cholestérol. Une astuce antifatigue : faire cuire 3 cuillères à soupe de flocons d'avoine avec du lait chaud et y ajouter des fruits secs.
★ Les stars du moment : le quinoa, le petit épeautre, le sarrasin... Des fibres, des protéines et des minéraux ! On peut aussi y ajouter le kamut (aussi appelé le blé de Khorasan, cette ancienne variété de blé dur est réputée pour sa valeur nutritive : riche en fibres) et le teff, l'une des céréales les plus anciennes. Attention, le sarrasin est assez indigeste, donc à éviter pour les enfants.
★ Le riz : sans gluten, riche en sucres lents, manganèse, magnésium, phosphore, potassium, sélénium, calcium, zinc, fer et vitamines B. On préfère bien sûr le riz complet et semi-complet. Notez que plus on le fait cuire, plus son index glycémique monte... À consommer

Portrait de famille des céréales & exemple de leurs utilisations

de préférence al dente ! Mention spéciale pour le riz basmati dont l'index glycémique est très bas.

★ Les pâtes : idem, veillez à ne pas les faire trop cuire... Et là aussi, on vous conseille les pâtes complètes, riches en fibres, vitamines et minéraux. Attention aux pâtes sans gluten si vous n'êtes pas intolérant : certaines sont très riches en sucre.

★ Le boulgour : sa valeur nutritionnelle équivaut à des pâtes classiques traditionnelles.

★ La farine : exit la farine blanche dite, elle aussi, « raffinée ». Référez-vous au chiffre qui arrive après la lettre T. Plus il est élevé et plus la farine est complète. En général T80 pour la semi-complète et T150 pour l'intégrale. C'est ce que nous vous recommandons mais vous pouvez y aller progressivement, par la farine semi-complète, par exemple ! Il existe aussi de bonnes farines « sans gluten » comme celle de riz, sarrasin, pois, millet, châtaigne et teff... On vous les recommande toujours BIOS.

Le pain

★ Veillez à choisir ceux dits « tradition » ! Ils sont fabriqués sur place, non surgelés, avec des farines sans améliorants ni acide ascorbique, et un temps de pétrissage long. Attention, ça ne suffit pas à garantir la qualité : vous pouvez trouver des « tradis » qui ne seront pas bios, avec des farines de mauvaise qualité et notamment des farines blanches. Donc on achète sa « tradi » chez un bon artisan boulanger, et bio de préférence. Une bonne « tradition » croustille au toucher, sa croûte est ambrée plutôt que blanche ou terne, sa mie nacrée et surtout alvéolée !

★ Le pain complet contient deux fois plus de fibres que le pain blanc, il est riche en vitamines B et en minéraux.

★ Mais il faut du BIO absolument. La céréale entière est moulue dans son enveloppe... lorsqu'elle est broyée, elle ne doit évidemment pas contenir de pesticides et autres choses pas vraiment top !

★ Attention au piège du pain multicéréales : un vrai pain aux céréales signifie tout simplement que l'on y trouve différentes farines, seigle, épeautre, moulues. Lorsque vous voyez des graines dans votre pain ou sur votre pain, on est bien d'accord, cela n'a absolument rien d'un pain aux céréales.

★ Levure ou levain ? Levain ! La levure n'a rien de bio contrairement au levain qui résulte de la fermentation provoquée par les bactéries présentes dans l'enveloppe du grain de blé. Les boulangeries l'utilisent moins, car le levain nécessite une longue fermentation. Le pain au levain a un index glycémique plus faible, de « bons glucides » qui évitent tout stockage de graisse et sont plus digestes.

★ Pour les VRAIS intolérants : difficile de trouver du pain sans gluten puisque c'est justement ce qui permet l'élasticité et de faire lever la pâte. On privilégie le pain maison : farine de riz, sarrasin, maïs, châtaigne, quinoa... En revanche, on oublie les « pains sans gluten » déjà prêts... souvent même les bios renferment de nombreux additifs, graisses et sucres.

★ Bien cuit ou pas ? Plus le pain est cuit, mieux le corps assimile... Et plus encore s'il est consommé chaud !

★ Le pain de mie et les biscottes : le pain de mie cumule les mauvais points : farine blanche, levure, sel, sucres et lipides. Les biscottes sont... incroyablement grasses ! On y ajoute souvent du sirop de glucose pour en améliorer le goût et la texture. La « surcuisson » augmente aussi leur index glycémique. On évite !

Bon à savoir

Pour bien conserver son pain et faire la chasse au gaspi : couvrez-le avec un torchon ou mettez-le dans un sac en toile. S'il ne date pas du jour, vous pouvez humidifier un peu sa croûte avant de l'enfourner quelques minutes... On dit qu'une branche de céleri ou un morceau de pomme de terre placé à côté permettrait de lui redonner de la consistance et du moelleux.

Coup de cœur

Foodwatch, organisation à but non lucratif, qui se bat pour une alimentation sans risques, saine et abordable. La newsletter est pleine de bonnes infos.

Détecter l'étiquette

La mention « riche en fibres » et « multicéréales » ne suffit pas.
Il faut que le mot « complet » apparaisse sur l'emballage : céréales complètes, graines complètes ou 100 % blé complet.
On ne regarde pas uniquement la teneur en sucres, mais aussi l'IG (index glycémique). Selon les modes de transformation des céréales, il peut varier.

Conseil

Les céréales en anneaux, rectangles, logos, dessins dont nos enfants raffolent... c'est « suspect » !
Les céréales aux couleurs très « industrielles » : rose pâle, jaune fluo...
Celles au goût de miel, caramel, chocolat...
Celles glacées, fourrées... En vrai ? JAMAIS et encore moins pour les enfants. C'est l'ennemi à abattre ! Les céréales, pas les enfants.

L'avis du spécialiste : Kahina Oussedik-Ferhi, docteur en biochimie moléculaire et alimentaire, directrice associée du cabinet Libre Forme 8

« Pour bien consommer les céréales, il faut les faire soi-même... Je dis toujours à mes patients, regardez combien coûte un kilo de céréales ? (parfois 1 kilo = 10 euros)... Quand vous allez au supermarché, vous achetez 500 grammes pour 2 euros. Comment est-ce possible ?
Aujourd'hui, il n'y a pas une seule "bonne céréale" à acheter au supermarché ! C'est un produit secondaire et dérivé. J'appelle les céréales des "aliens alimentaires"... Est-ce que les céréales Kellogg's poussent dans les arbres ? C'est un produit modifié par l'homme. La plupart des céréales sont présentées sans l'enveloppe, MAIS l'enveloppe, c'est l'or de la céréale... c'est exactement comme si vous mangiez une coquille vide ! Votre corps peut digérer et assimiler seulement ce qui vient de la nature. »

OLÉAGINEUX ET GRAINES

C'est l'aliment star de nos assiettes. Des bombes nutritives pour leur apport en protéines, en bons acides gras et leurs vertus anti-âge, on en parsème salades et soupes, ou on les sert à l'apéro.
Nota bene : il faut toujours opter pour des graines bios... Les graines ne passent pas au travers des pesticides et engrais de synthèse.

Votre bible :

- Noix : parfait antioxydant. Sa peau contient un acide ellagique qui a des effets anti-cancéreux. 6 à 8 par jour, c'est le bon allié de la journée.
- Noisette : pour un plein de vitamine E, oméga 3 et 9.
- Pécan : riche en thiamine (vitamine B1) impliquée dans le bon fonctionnement du système nerveux, calcium, fibres, vitamine C.
- Macadamia : elle est riche en oméga 3 mais avec modération parce qu'elle est calorique.
- Amande : riche en protéines, potassium, vitamines B2, fibres... C'est la graine parfaite.
- Noix de cajou : attention, elle est grasse (49 % de lipides) mais avec parcimonie elle apporte phosphore, magnésium, zinc, cuivre...
- Pistache : riche en fibres, mélange parfait pour les vitamines B et E.
- Cacahuète : protéinée mais calorique. On la décortique soi-même et surtout pas de sel.
- Pignon de pin : anti-inflammatoire, riche en vitamine E qui apporte aux cheveux brillance et éclat.
- Baie de goji : très à la mode, elle renforcerait le foie, les reins, le système immunitaire, avec plus de 30 minéraux et oligo-éléments, vitamines, acides gras et antioxydants. MAIS : même bio, le « zéro pesticides » n'est absolument pas

garanti. ET PUIS : selon le docteur en biochimie moléculaire et alimentaire, directrice associée du cabinet Libre Forme 8 Kahina Oussedik-Ferhi, « les baies de goji et les graines de chia viennent de pays lointains et notre système digestif ne les (re)connaît pas. Ce sont des ovnis. Conséquences : ballonnements ! Sans parler de l'impact sur l'environnement »...

★ L'alfalfa : elle aussi très tendance, elle est riche en vitamines B9 et D et permet de lutter contre le vieillissement des cellules.

Coup de cœur

Le vrac à la folie : faites vos mélanges en vrac vous-même. Vous êtes sûr de ne pas consommer trop salé et de multiplier les apports et vertus... Et, *last but not least*, de dépenser moins !

Faire ses graines germées

Il vous faut un germoir et une bonne hygiène. Voici parmi les différentes familles les graines que vous pouvez faire germer vous-même :

- Les graines de légumes et d'herbes : alfalfa, radis, carotte, brocoli, fenouil, basilic, persil...
- Graines de céréales : quinoa, avoine seigle, épeautre, sarrasin...
- Graines de légumineuses : lentilles (avant elles étaient appelées « la viande du pauvre », car elles contiennent beaucoup de protéines et de glucides), haricots mungo, pois chiches...
- Graines d'oléagineux : tournesol, sésame...

En ligne

www.sevellia.com/germoirs.html
www.greenweez.com

SUCRERIES

Bonbons

Entre 60 et 80 % de sucre : c'est ce que contient un bonbon. Voilà. Sans parler des additifs : certains en contiennent jusqu'à 10. Sirop de glucose, colorants artificiels, gélatine de porc, correcteur d'acidité, graisse de palme, acidifiant, dioxine de titane... et tout ce qui commence par E : E102, E150B, E150C et en particulier le E171 (il sert à donner une belle couleur aux bonbons, mais il serait potentiellement cancérigène, certaines marques l'ont déjà enlevé de leurs compositions). On évite aussi et surtout les bonbons allégés qui contiennent de l'aspartame, des édulcorants, de la stevia.
Alors, que privilégier ? Les étiquettes simples, les bonbons traditionnels ou de région (violettes, nougats, caramels...), les pâtes de fruits sans enrobage de sucre... Cherchez les labels AB ou ECOCERT. Dans la composition : des colorants NATURELS et de la gélatine avec de la pectine de pomme ou de l'agar-agar. Un indice pour les repérer : ils ne sont pas arc-en-ciel, mais plutôt de couleur beige ou marron (moches mais bons !).

Bon à savoir
Évitez la réglisse si vous faites de l'hypertension.

Gâteaux

C'est évidemment principalement du transformé et ultra-transformé. Pour les enfants, on évite vraiment. Attention aux mentions « œufs frais », « recette d'autrefois »... On n'y croit pas beaucoup. Et l'allégé ? Comme ailleurs, ce n'est qu'une arnaque. Et le bio ? À privilégier bien sûr, mais là encore, ce n'est pas une garantie : évitez les étiquettes trop longues, les émulsifiants, arômes, additifs, correcteurs d'aci-

dité, l'huile de palme, le sirop de fructose-glucose... Soyez très vigilant avec le sucre : toujours et absolument du sucre complet, non raffiné.
La meilleure solution, c'est encore de les faire vous-même ! Certaines recettes sont très simples et rapides.

En ligne
www.cleacuisine.fr

Chocolat

Le chocolat noir est riche en magnésium, fer, vitamine E, cuivre... Il contient des antioxydants, de la théobromine et de la caféine, stimulant du système nerveux. Il ne contient pas d'arômes artificiels, conservateurs, colorants, agents de texture, huiles végétales en plus du beurre de cacao. Bref, c'est notre chouchou !
Le chocolat au lait est moins riche en antioxydants. Il contient au moins 25 % de composants secs de cacao. Il est plus gras que le chocolat noir et moins digeste, notamment parce qu'il contient du lait. Le chocolat blanc ne contient pas de poudre de cacao, mais uniquement du beurre. C'est le chocolat le plus calorique – un p'tit coup de moins bien. Il contient du lait, du sucre et parfois des arômes.

Comment repérer un bon chocolat ?

- Comme le reste : une étiquette courte. Surtout pas de chocolat allégé, et on privilégie le bio.
- La liste des ingrédients ne doit pas commencer par « sucre ».
- Le beurre de cacao (matière grasse végétale obtenue à partir de la fève de cacao) est un produit cher, les industriels le remplacent parfois par des matières grasses végétales moins chères comme le beurre de karité ou l'huile de palme. Il faut donc être vigilant et acheter du chocolat « PUR beurre de cacao » !

- On oublie ceux qui contiennent des additifs (les chiffres précédés d'un E).
- Un vrai chocolat contient 3 ingrédients : de la pâte de cacao, du beurre de cacao et un peu de sucre.

Péché gourmand

On raffole du cacao ! Certes très amer, mais non sucré et excellent pour la santé. Selon une étude américaine, il renfermerait trois fois plus d'antioxydants que le thé vert ! Mélangé à du sucre, il perd peu de ses propriétés médicinales, mais ça vaut quand même le coup d'acheter son propre cacao en poudre 100 % !

Coup de cœur

Impossible de se passer de la pâte à tartiner ?
Nocciola est une bonne alternative : pas d'huile de palme, de produits animaux et d'additifs (conservateurs, colorants, arômes artificiels) ! Et même une version sans lait !

SUCRE ET SUCRES

Pour certains médecins, le sucre est un poison bien pire que les pesticides. Le sucre blanc industriel est tellement raffiné qu'il ne contient plus que de la saccharose et des calories vides qui suscitent uniquement l'addiction. Même chose pour le sucre roux, blond et de canne, il s'agit d'un sucre blanc raffiné que l'on a recoloré. Mais si ! Il accentue le diabète, les maladies cardiaques, l'obésité, fragilise le système immunitaire et encourage la propagation de cellules potentiellement cancérigènes. Il y en a partout : boissons, charcuterie, gâteaux, yaourts, plats préparés, conserves... Difficile donc de ne pas dépasser la dose recommandée (5 sucres par jour). On est bien d'accord qu'on parle là des sucres rapides, pas des sucres « lents » ou « glucides complexes ». Ceux-là se trouvent dans les fruits, les pâtes, les pommes de terre... le corps en a besoin !

Comment détecter les mauvais sucres ?

- Sur l'étiquette, attention lorsque le nom « sucre » arrive en tête des ingrédients.
- Ils se cachent parfois sous d'autres noms qui se terminent en « ose » : maltose, lactose, dextrose, fructose, saccharose, galactose...
- Dans les sirops : extrait de malt, amidon modifié, dextrine, dextrane, diastase, maltodextrine...
- Même dans les produits « salés » : saumon fumé, velouté de légumes (mais si !), sauce tomate...
- Regardez toujours le tableau des valeurs nutritionnelles.
- Attention aux produits « sans gluten », qui contiennent souvent plus de sucres que la normale pour compenser. (cf. chapitre sans gluten, p. 90-92).
- Attention à la mention « sans sucres ajoutés », qui ne veut pas dire « sans sucre ». Et... attention à la mention « sans sucre », qui signifie juste que le produit ne contient pas de saccharose (le sucre de table ordinaire), mais il peut en contenir d'autres ! Ce qu'on recherche, c'est la mention « sans sucres » (avec un S) : ne contient pas de sucre simple (saccharose, fructose, glucose, lactose).
- Et l'estampille « allégé en sucres » ? Elle implique 30 % de sucres en moins que dans un produit similaire.

Comment éviter les mauvais sucres ?

★ On privilégie les produits bruts, non transformés et le fait « soi-même » pour les yaourts, gâteaux…

★ Certains produits contiennent naturellement du sucre : le lactose pour les yaourts, le fructose pour les fruits.

★ Une fringale due au stress ? Les boissons chaudes thé ou tisane ont aussi des pouvoirs réconfortants sans créer de dépendance.

★ Attention au manque de sommeil qui attise l'envie de sucre !

Quels sucres alternatifs ?

★ Le sucre non raffiné : aussi appelé sucre complet ou intégral. Il n'est ni raffiné ni cristallisé. Il est essentiellement constitué de saccharose, mais garde quelques nutriments : minéraux, vitamines et acides aminés. On en trouve sous cette appellation dans quelques rayons de supermarché, et dans les magasins bios sous les appellations de mascobado et rapadura.

- Le sucre de coco : pas idéal question empreinte carbone, il est fabriqué à partir des fleurs du « coco nucifera », qui pousse en Inde et en Amérique du Sud. Selon l'ONU, il s'agit du « sucre le plus durable de la planète », car le cocotier nécessite une surface très petite et peu d'eau. Il a un index glycémique très bas.
- Pour agrémenter son yaourt, on privilégie le miel, la cannelle…

Attention aux pièges !

- Sirop d'agave : c'est le piège du « sans sucre » qui veut dire « sans saccharose ». Ce sirop contient – vous êtes assis ? – 70 à 90 % de fructose !!
- Et les sucrettes, aspartame et autres édulcorants ? JAMAIS ! Ce sont des produits synthétiques et neurotoxiques qui se décomposent en deux toxines (DKP et formaldéhyde) à la chaleur… donc dans le thé ou le café !

Que penser de la stevia ?

Nous, on est absolument contre ! Ça tombe bien, Christophe Brusset, ancien ingénieur agroalimentaire, aussi !
« Attention au stevia !!! Tout le monde se jette dessus, car il est fabriqué avec une plante donc naturel (contrairement à l'aspartame). Mais dès lors que vous mettez du sucré dans votre bouche, le message se déclenche dans votre cerveau et libère tout de suite de l'insuline… En d'autres mots, votre corps se prépare à recevoir et à digérer le sucre que vous lui avez promis… Or, si le sucre n'arrive pas (comme c'est le cas avec les édulcorants), vos cellules deviennent peu à peu résistantes à l'insuline et c'est ce qui va favoriser le diabète de type 2. En consommant des édulcorants, on se prédispose à développer un diabète… »

Bon à savoir
Difficile de se libérer de l'addiction au sucre ! Comme la cigarette, il y a des gens qui y arrivent de façon radicale en supprimant sodas et autres aliments sucrés. Pour ceux qui sont très accros depuis l'enfance, mieux vaut y aller par étapes en le remplaçant peu à peu par des fruits.

Et le miel ?

100 % naturel et bio, il est bon pour la santé grâce à ses prébiotiques (bons pour la flore intestinale), antioxydants et antibiotiques naturels. Son point faible : c'est un produit énergétique, donc très calorique, qui contient très peu de vitamines et de minéraux. Comment bien choisir ?

- ★ On exige les labels AOP ou IGP (indication géographique protégée ; la qualité ou la réputation du produit est liée à son lieu de production).
- ★ On recherche le local et l'« origine France » issue d'un apiculteur identifié.
- ★ On vérifie la composition : certains miels de Chine, du Mexique ou d'Argentine sont dilués avec de l'eau ou du sirop de glucose.
- ★ On ne choisit pas les miels qui comportent sur l'étiquette « mélange de miels », mention qu'on peut retrouver même dans le bio !
- ★ On bannit le miel chauffé par extraction centrifugeuse : lorsque la chaleur dépasse celle de la ruche (35 à 37 °), le miel perd ses qualités. (Donc… on évite les cuillères de miel dans un thé brûlant !)
- ★ Polyfloral ou monofloral ? Pas de différence, sauf le prix !

Bon à savoir
Les « produits de la ruche » (gelée royale, propolis, pollens frais…) sont extrêmement bénéfiques. En revanche, attention : ils sont souvent importés de Chine (le miel est mêlé à beaucoup de sucre, c'est infâme, une vraie arnaque) !

Coup de cœur
Tous les produits Miel in France.
mielinfrance.fr

CONDIMENTS

Le sel

Bon, c'est la cata : nous consommons beaucoup trop de sel. Hypertension artérielle, risques d'œdèmes, insuffisance cardiaque ou rénale, maladies cardiovasculaires, rétention d'eau… Sans compter que, puisqu'il vient de l'océan, il est très contaminé par les plastiques ! Personnellement je n'en mange plus depuis 10 ans et, pour les femmes, ça change beaucoup de choses (cellulite, sensation d'être gonflée en sortant de table…).
Si vraiment on ne s'en passe pas, il faut au moins du sel de chez nous (de Camargue ou de Guérande) et non raffiné (de couleur grise) afin de conserver ses minéraux bénéfiques. Et le sel de l'Himalaya ? C'est une mode : certes, il est neutre et donc plus digeste, mais l'empreinte carbone n'en vaut pas la peine.

Réduisez vos apports en sel

« Je n'ai plus de sel chez moi, affirme Laurent Chevallier, médecin nutritionniste. Pour l'eau des pâtes, j'ajoute quelques feuilles de thym pour donner du goût. J'achète parfois du gomasio : de la graine de sésame grillée et moulue avec un peu de sel. Mais on peut aussi faire son sel soi-même ! L'été, vous prenez une bassine d'eau de mer filtrée, vous faites évaporer et vous récoltez votre sel. »

Les épices et les herbes

Sources de nutriments antioxydants, c'est excellent ! L'idéal, c'est d'alterner entre herbes surgelées – même si pas toujours fans de leur côté « mouillé » un peu raplapla ! – et herbes fraîches, car les vertus ne sont pas les mêmes : minéraux pour les premières, vitamines pour les secondes. Voici quelques incontournables :

- L'origan : il a des propriétés cicatrisantes et permettrait de stopper l'apparition des boutons de fièvre.
- Le basilic : source d'antioxydants et d'anti-vieillissement. Son huile a des propriétés antibactériennes efficaces contre l'acné et permet d'équilibrer le teint.
- Le thym : idéal pour lutter contre les infections de l'hiver... anti-fatigue, détoxifiant.
- Le romarin : réputé pour ses vertus digestives, antioxydantes, drainantes, anti-inflammatoires...
- La cannelle : épice douce qui permet la régénération des cellules et améliore la circulation...

Bon à savoir

Broyez vos épices vous-même plutôt que de les acheter en poudre ! Les épices en poudre masquent des herbes de mauvaise qualité, polluées, périmées... Vive les moulins (investissez, fouillez chez votre grand-mère ou faites les brocantes !) et le poivre en grains !

Moutarde et vinaigre

Bourrés de sulfites utilisés comme conservateurs. À privilégier donc : la mention « sans sulfites ». Ou alors, on remplace par du citron...

BOISSONS CHAUDES ET FROIDES

Café

Pas si bon le matin, car diurétique et donc déshydratant. De plus, l'ingestion d'un liquide très chaud à répétition peut provoquer une irritation thermique dans le tube digestif, et peut générer des lésions qui altèrent la capacité réparatrice des cellules et augmenter le risque de cancer de l'œsophage. Et dans un gobelet en plastique, la chaleur libère des perturbateurs endocriniens !
Le café est de plus en plus torréfié à très grande vitesse, ce qui favorise les substances nocives. Par ailleurs, attention aux cafés mélangés : il faut choisir ceux qui indiquent la région de provenance (plutôt que simplement un pays), sachant que, dans les hauteurs, le caféier est moins vulnérable aux maladies et donc il sera moins traité. Le moulu s'oxyde plus vite, donc on préfère le café en grains. L'astuce qualité : privilégiez une forme ovale, il ne doit pas y avoir de brisures récurrentes et sa couleur ne doit pas être uniforme. Et les dosettes ? Certainement pas ! L'emballage le contamine avec des produits chimiques.

Donc, le café idéal :

- Bio (labels AB et FairTrade).
- D'altitude.
- De torréfaction lente.
- 100 % (comme le 100 % arabica).
- En grains, pas en dosettes, et dans un paquet kraft plutôt que sous vide.
- Bien frais (idéalement pas plus d'un mois après la torréfaction).
- Issu des circuits courts et d'une production artisanale.

Thé

Malheureusement, il n'est pas épargné par les pesticides... D'autant plus que, pour ne pas perdre le goût, les feuilles de thé ne sont pas lavées après récolte. Pourtant ses vertus sont excellentes : le noir aiderait à lutter contre l'hypertension, le vert est très riche en antioxydants et il réduirait les risques cardiovasculaires et le mauvais cholestérol. Oubliez tous les thés aromatisés, rien de naturel là-dedans et des heures à digérer... Mais oui ! On choisit toujours un thé noir, vert ou blanc, basta !

Bon à savoir

Achetez des feuilles de thé plutôt que des sachets et rincez-les avant de les faire infuser.

Infusions

Pourquoi on adore les tisanes ? Parce qu'elles recèlent de bonnes vertus : purifiantes, apaisantes... Évidemment toujours BIOS pour éviter les pesticides. L'idéal : se concocter sa tisane soi-même en allant ramasser des plantes ! Sinon, optez pour le vrac. Moins chères et plus écolos, elles sont plus riches en phytonutriments.

Coups de cœur

Les 2 marmottes, certes en sachets, mais délicieuses, variées et 100 % made in France.
Les thés et infusions bios **Pascal Hamour**.

Jus et sodas

Un fruit est riche en vitamines, en minéraux, en fructose et en fibres. Sous sa forme d'origine, ces éléments sont mâchés, digérés, vous prenez le temps nécessaire. Le jus vous donne d'un seul coup un apport massif de fructose, comme si vous vous faisiez une intraveineuse de sucre ! Il arrive brutalement dans votre système digestif sans que l'estomac puisse faire son travail. De plus, contrairement à ce que l'on peut croire, un verre de jus de fruits n'équivaut pas à un fruit. Il faut en moyenne deux oranges pour obtenir un verre de 80 à 100 ml de jus.

En ce qui concerne les jus achetés au supermarché, un verre contient environ 4 à 5 oranges. On consomme donc beaucoup plus de fructose. Certains contiennent jusqu'à 7 grammes de sucre pour 100 ml. Il est conseillé de privilégier le « pur jus », qui contient un maximum de vitamines, et de le diluer avec une quantité égale d'eau !
Attention, même s'ils sont « purs », tous ces jus restent des produits industriels transformés qui ont subi des traitements de conservation.
Notre conseil : si vous tenez absolument à un jus, pressez-le vous-même et ajoutez la pulpe. Surtout, à boire dans l'heure qui suit, sinon il ne restera que du sucre !

Et les sodas ? À bannir, c'est bien simple. Surtout les « light », bourrés d'édulcorants.
Une bonne alternative : le citron. Dans l'eau ou le thé, riche en vitamine C, c'est un agrume magique. Antibactérien et purifiant, il a des propriétés astringentes et antiseptiques et il aide à éliminer les toxines en excès. À choisir absolument toujours bio !

Vin

Contrairement à ce que l'on raconte, en soi il n'est pas bon pour la santé. Par ailleurs, on y trouve de nos jours beaucoup de pesticides, dont certains interdits depuis plus de... 10 ans (la carbendazine) ! Sachant que les vins et les alcools profitent d'une dérogation au règlement de l'Union européenne. D'autant qu'ils n'ont pas l'obligation de faire figurer une liste d'ingrédients sur l'étiquette.
Toutes les bouteilles contiennent des sulfites comme conservateurs ; la législation oblige les producteurs à signaler la présence de ce composé, mais elle n'impose pas de préciser la quantité.

Quelles alternatives naturelles ?

- On privilégie le local, les petits producteurs, les associations de vignerons bios.
- Le bio est préférable, même si pas suffisant : c'est une garantie pour une viticulture propre, mais on y trouve toujours des sulfites et des intrants.
- La biodynamie : ce sont des vins cultivés avec des engrais naturels à base de plantes. La filtration est autorisée ainsi que l'ajout de sucre pour les vins pétillants.
- Le vin naturel : il est vinifié sans intrants (éléments entrant dans un processus de production). Il est vivant. Il ne contient que du jus de raisin. La vinification est faite par les levures, on n'ajoute rien.
- On opte pour le « 100 % raisin », un label pas encore reconnu par l'UE. Un autre bien utile : SAINS, Sans Aucun

Intrant Ni Sulfites, une association de vignerons « nature », en qui on peut avoir confiance.

Où trouver de bons vins naturels ? par Isabelle Legeron, diplômée du « Master of Wine », spécialiste du vin nature

« Il en existe partout en France, mais on en trouve plus facilement dans les régions qui, traditionnellement, étaient les moins prestigieuses comme le Languedoc-Roussillon, le Beaujolais, l'Auvergne, la Loire ou le Jura. Dans les autres régions, il faut se renseigner auprès des petits cavistes locaux : ils connaîtront les producteurs du coin qui travaillent sainement à la vigne et avec peu d'intervention en cave. »
Son livre : *Le Vin nature. Introduction aux vins biologiques et biodynamiques vinifiés naturellement*, éditions Eyrolles.

Où l'acheter ?

Pas au supermarché, mais chez les cavistes, des boutiques locales et spécialisées qui achètent directement auprès des vignerons. C'est à eux qu'ils faut poser les bonnes questions (on vous rappelle la check-list : pas de sucres ajoutés ni de levures étrangères au terroir ; aucun intrant lors de la vinification ; pas ou très peu filtrés (parfois couleur légèrement trouble) ; les sulfites ne sont ajoutés que si nécessaire.

Eau

L'eau du robinet

Elle est puisée dans une eau de surface ou une nappe souterraine puis elle subit des traitements pour être transformée en eau potable, sans substances nocives comme les nitrates ou pesticides. Aujourd'hui, l'eau du robinet est très contrôlée en France, elle répond à 60 critères de qualité établis par l'Organisation mondiale de la santé (OMS) et calculés par rapport aux populations vulnérables (nourrissons et femmes enceintes). Donc, écolo et économique... mais quand même à risque de pollution, surtout dans les régions où l'agriculture est intensive. Quand elle stagne dans les canalisations, elle peut s'imprégner de plomb. Après une longue absence, on peut la faire couler quelques secondes avant de se servir un verre. Pensez aussi à nettoyer régulièrement la tête de votre robinet. Certains médecins sont formellement contre : « Tout ce qui passe dans notre corps doit être d'une qualité sanitaire absolument irréprochable. »

Bon à savoir

Pour vous débarrasser du goût « chloré », placez votre carafe au réfrigérateur (1 heure environ).

Nos bonnes adresses pour contrôler soi-même la « bonne santé » de son eau :

Vous pouvez vous adresser à votre mairie qui est en possession des résultats d'analyses de l'ARS (Agence régionale de santé).
- Sur votre facture d'eau, une note de synthèse élaborée par l'ARS est jointe annuellement.
- Pour les Parisiens, l'entreprise Eau de Paris indique sur une carte d'où provient l'eau selon les arrondissements.

En ligne

Sur le site Internet du ministère de la Santé (résultats réalisés par l'ARS).
Site *data.gouv.fr* pour vous renseigner sur la concentration de pesticides dans les nappes d'eaux souterraines de votre commune.

Bon à savoir

Il y a quelques années, la carafe filtrante a été très en vogue. Mais ses effets peuvent se révéler négatifs si on l'utilise mal : il faut changer la cartouche très fréquemment (4 à 6 semaines) et la nettoyer tous les jours. Sinon elle devient un nid à microbes. Un mauvais usage peut conduire à un abaissement du pH ou à une altération de la qualité microbiologique de l'eau. On l'achète en verre, évidemment.

Il existe aussi des systèmes de purification dits par « osmose inverse » que l'on fixe sur le robinet de la cuisine. Ils sont plus performants, mais l'eau ne contient presque plus de minéraux, c'est une eau quasi « morte ». On évite surtout les stérilisateurs par utraviolets et les dynamiseurs...

Eaux en bouteille

Elles sont issues de nappes souterraines profondes, gage de qualité contre les bactéries et la pollution. Et le plastique ? Pas d'inquiétude particulière pour la santé, il n'y a pas de migrations. En revanche, on préfère stocker ses bouteilles d'eau à l'abri du soleil pour éviter que le plastique chauffe ! Et d'ailleurs, on évite au maximum les conditionnements plastiques.

L'eau de source

Elle provient d'une eau potable qui n'a subi aucun traitement. Elle est soumise à la même réglementation que l'eau du robinet et sans traitement de désinfection. Sa teneur en minéraux peut sensiblement varier.

L'eau minérale naturelle

Contrairement à l'eau de source, les eaux minérales ne répondent pas à la même réglementation que l'eau du robinet (par exemple concernant la dose de fluor tolérée : 5 mg/l contre 1,5 mg/l maximum). Elles contiennent des sels minéraux et des oligo-éléments aux vertus spécifiques. Attention, cela ne convient pas à tout le monde (notamment à ceux qui souffrent d'hypertension et de problèmes rénaux). Une bonne eau doit être la moins minéralisée possible ; Contrex ou Hépar sont très minéralisées. Toutes ces eaux ne sont pas recommandées sur le long terme, mais plutôt pour des cures spécifiques.

Les plus bios pratiquent l'hydroxydase, une façon spécifique d'embouteiller l'eau pour qu'elle reste vivante. Il faut la consommer rapidement.

Bon à savoir

Il faut regarder la mention : « résidu sec à 180 ° », qui correspond à la quantité de minéraux contenus. Ce chiffre ne doit pas dépasser 300 mg/l, et on conseille même de ne pas dépasser 100 ml/L.

L'eau pétillante ou gazeuse ?

Kahina Oussedik-Ferhi, docteur en biochimie moléculaire et alimentaire, directrice associée du cabinet Libre Forme 8 nous met en garde : « Je déconseille l'eau gazeuse en général et aux femmes en particulier. Elle est trop salée et engendre de la rétention d'eau responsable, notamment, de la peau d'orange ou de la cellulite. »

Bon à savoir

Les eaux aromatisées sont en grande majorité des pièges bourrés de sucre. Une vraie eau aromatisée ne doit pas comporter le mot « sucre » sur l'étiquette. Ni le mot édulcorant d'ailleurs... Rien de mieux que de parfumer soi-même son eau avec quelques gouttes de citron ou de fleur d'oranger.

Coups de cœur

Mont Roucous
Cristalline
Eau de source de Montagne de Casino
Rosée de la Reine

HUILES ET VINAIGRES

Huile

Si le mot huile et donc « gras » est souvent décrié, on oublie que l'huile est un nutriment nécessaire au fonctionnement de notre organisme puisqu'elle contient des acides gras insaturés (aussi appelés « bon gras »). Il en existe deux catégories :

- Les poly-insaturés – riches en oméga 6 ou oméga 3 : huile de pépins de maïs, raisin, tournesol, argan, sésame, noix, colza, lin...
- Les mono-insaturés – riches en oméga 9 (réputé pour les effets positifs sur le cœur) : huile d'olive, arachide, tournesol oléique, colza, noisette.

Dans les grandes surfaces, la majorité des huiles sont extraites par solvants plutôt que par pression, raffinées et donc dénaturées de leurs propriétés nutritives, olfactives... Pourquoi ce procédé ? Parce que ces huiles résistent davantage aux fortes chaleurs, elles peuvent être chauffées à plus de 200 °C.
Alors ? On choisit les « première pression à froid » (le moyen mécanique le plus traditionnel, qui signifie que l'huile garde ses principes nutritifs essentiels), « vierge » (aucun traitement chimique ni raffinage ; les seules opérations autorisées sont la centrifugation et la filtration. C'est un gage d'excellence) et bien sûr françaises, autant que possible !

Bon à savoir

Toutes les huiles ne sont pas bonnes à chauffer ! À forte chaleur, la matière grasse se décompose en produits toxiques et parfois cancérigènes. Vierges, elles sont plus fragiles.

- Celles qu'on ne chauffe pas : colza, noix, soja, lin.
- Celles qu'on chauffe : pépins de raisin, tournesol, olive.

Cherchez la mention « cuisson : résiste aux hautes températures ».

La star : l'huile d'olive

Si nous avons une ribambelle d'huiles différentes dans notre placard, nous ne négligeons jamais l'huile d'olive : l'or vert des huiles. Elle possède de nombreuses propriétés antioxydantes (vitamines E, C et polyphénols) et un effet anticoagulant qui permet donc de mieux contrôler la tension artérielle.

Comment bien choisir son huile d'olive ?
par Alexis Muñoz, producteur d'huile d'olive à Lyon

« • Bien sûr, exiger l'extraction à froid.
• Privilégiez les huiles d'olive extraites d'une seule variété d'olive (mono-variétales). Assurez-vous que le nom de la variété de l'olive et sa maturité (fruit vert ou fruit mûr) sont précisés sur le packaging… Lorsque cette mention est précisée, il s'agit d'un pur jus.
• Ne pas choisir des huiles « provenant de l'Union-européenne ». Il s'agit d'un assemblage d'huiles d'olive provenant de différentes origines. Préférez celles d'un bon producteur identifié. Lorsque l'on inscrit son patronyme, c'est un gage de confiance.
• Attention aux IGP et AOC, ce ne sont pas des marques de qualité mais d'authentification d'un territoire. Par exemple, il existe des huiles AOC de très moyenne qualité.
• Ne jamais acheter une huile dans une bouteille transparente. Elle doit être opaque car l'huile est très sensible à l'oxydation par la lumière. »

Vinaigres

Tous ne se valent pas. Dans les supermarchés, ils sont très transformés et très sucrés. Là encore, on cherche les boutiques spécialisées et les petites productions.

★ Le vinaigre de cidre. Ses qualités sont multiples : bon pour la peau, la digestion, il est aussi anti-infectieux et riche en potassium. Son goût est fruité et délicat. En revanche, assurez-vous bien qu'il est issu de pommes entières.

★ Les vinaigres de Modène (balsamique) et de Xeres sont aussi de bonnes références mais, pour le coup, ceux des supermarchés sont bourrés de sucre ! Le vrai bon balsamique est rare et donc (très) cher.

★ Une bonne alternative naturelle au vinaigre : le jus d'un citron ! Notre vinaigrette fétiche : jus de citron, huile d'olive de qualité, persil plat et ciboulette (bios) coupés aux ciseaux et miel liquide bio. Succès assuré !

COMMENT SE MITONNER DE BONS PETITS PLATS NATURELS ?

LES CUISSONS

Prenez quelques bonnes habitudes qui vont révolutionner votre rapport aux aliments. Il faut un peu plus de temps mais c'est assez simple, on privilégie les basses températures : inférieures à 100 °C. Astuce pour les viandes, volailles ou poissons : les marinades permettent de réduire le temps de cuisson et protéger des réactions chimiques. La cuisson au vin aussi !

Vapeur

C'est la méthode pour préserver les nutriments et leurs saveurs, y compris les vitamines hydrosolubles. On utilise un cuit-vapeur ou on ajoute un peu d'eau dans une casserole avec les légumes : dès que l'eau commence à s'évaporer, baisser le feu et couvrir. (Pas d'autocuiseur, la température monte trop haut...) Il est préférable d'arrêter la cuisson assez tôt, sans attendre que les aliments perdent leurs couleurs. Bref, on adopte le « al dente » pour tout !

Exit donc la cuisson à l'anglaise, dans l'eau bouillante. Les vitamines et les minéraux contenus dans les légumes ont tendance à fuir dans l'eau de cuisson. Les aliments peuvent parfois perdre jusqu'à 60 % de leurs qualités nutritives. Si vraiment vous adoptez la cuisson à l'eau : privilégiez les soupes et les bouillons.

Four

Pour le four, baissez toujours de quelques degrés la température de votre cuisson. On essaie de ne pas dépasser les 120 °C…

Barbecue

On évite le barbecue à répétition. Un aliment ne doit jamais être brûlé ! Pour le combustible, achetez des sarments de vigne plutôt que le charbon de bois (certains contiennent de la créosote, très toxique).

Micro-ondes

Micro-ondes : ne pas réchauffer de plastique (surtout les barquettes en PVC, code de recyclage n° 3) pour éviter les perturbateurs endocriniens qui migrent avec la chaleur. On opte pour des assiettes en céramique, en faïence, en verre ou en porcelaine non décorée (les liserés dorés ou argentés risquent de provoquer des étincelles).

Bon à savoir

Certaines associations comme le Centre de recherche et d'information indépendant sur les rayonnements électromagnétiques (Criirem) reprochent aux scientifiques un manque d'études et de recul au sujet des appareils électroménagers.
www.criirem.org

Poêle

La poêle : avec tact ! On ne fait rien brûler, et surtout pas son huile ni son beurre. L'acrylamide est un composé dont l'effet toxique favorise le cancer et qui se forme naturellement dans les aliments riches en amidon lors de leur cuisson.

LE FRIGO IDÉAL

Réfrigérer, c'est éviter les bactéries ! La température idéale d'un réfrigérateur se situe autour de 4 °C, et celle d'un congélateur autour de – 18 °C, les réfrigérateurs achetés depuis 2002 disposent d'une pastille pour indiquer si la température requise est atteinte. Il faut la contrôler régulièrement : équipez votre réfrigérateur d'un thermomètre.

Bon à savoir

Un réfrigérateur est optimal s'il est peu chargé ! Cela permet à l'air de bien circuler. Veillez d'ailleurs à ne pas encombrer le ventilateur.

Le froid n'est pas l'ami de tous ! C'est le cas des œufs, agrumes, carottes, pommes de terre, tomates, poires, pêches, nectarines, chocolat, miel... Les carottes se ramollissent, les pêches perdent de leur saveur, le chocolat blanchit, la chair des tomates devient farineuse... Quant aux œufs, leur coquille devient plus fragile et plus poreuse à la contamination de bactéries.
De retour des courses, pensez à vous laver les mains avant d'organiser votre réfrigérateur pour limiter les bactéries. Un détail important : enlevez les emballages ou plastiques superflus qui ont été manipulés ou transportés par de nombreuses mains (comme les cartons de yaourts).

Chaque produit à son étage ! Le rangement d'un réfrigérateur s'organise par zones qui correspondent aux variations de températures (en fonction de la distance par rapport à la source du froid). Attention, ces zones ne se situent pas au même endroit selon les modèles, c'est pourquoi il est indispensable de vous référer à votre notice pour identifier ces différentes zones.

★ Zone froide : entre 0 °C et 4 °C. (Selon le modèle, soit en haut soit en bas.) On y place les produits périssables. Charcuterie, viande cuite ou à cuire, volaille, poisson, fruits de mer, produits en cours de décongélation, laitages entamés, fromages frais et au lait cru, jus de fruits frais, préparations en sauce à base de produits d'origine animale ou d'œuf cru comme la mayonnaise.

★ Zone fraîche : entre 4 °C et 6 °C. Viandes et poissons fumés, salés, séchés, conservés dans le vinaigre, légumes et fruits cuits, produits laitiers fermentés : fromages et yaourts, pâtisseries, produits cuisinés, sauces maison.

★ Bac à légumes : fruits et légumes frais préalablement lavés.

★ Porte : entre 6 °C et 8 °C. Beurre, lait, condiments, jus de fruits entamés et bien refermés.

Bon à savoir

Conseil anti-gaspi : placez au fond de votre réfrigérateur les aliments les moins périssables et sous votre nez ceux que vous devez consommer vite !

Comment conserver les aliments au réfrigérateur ?

- Ne jamais placer au réfrigérateur des plats encore chauds. (Cela interrompt la chaîne du froid.)
- Si votre appareil possède un dégivrage, faites-le au moins une fois par an.
- Le congélateur ? Au moins trois fois par an. 2 mm de givre représentent une surconsommation d'énergie de plus de 10 %.

Nos conseils

- Les fruits : lavez vos fruits avant, triez, pelez-les...
- Les légumes : lavez, nettoyez, triez et blanchissez-les avant afin de détruire les enzymes responsables de la dégradation du légume.
- Les poissons : vous pouvez les mettre vidés et écaillés...
- Les préparations : ne salez pas vos plats qui sont destinés à la congélation, faites-le uniquement lorsque vous décongelez la préparation.
- La viande : dégraissez votre viande et ne la bardez pas (l'entourer d'un morceau de lard).

Coup de cœur

L'appli « Frigo Magic » : il suffit d'inscrire ce qui se trouve dans votre réfrigérateur et l'application vous concocte une recette sur mesure avec un temps de préparation inférieur à 30 minutes.

Un livre si vous voulez apprendre à vous détacher de votre réfrigérateur : *Mon aventure sans frigo*, Marie Cochard, éditions Eyrolles. Pour découvrir toutes les astuces qui permettent de conserver les fruits, les légumes et de cuisiner comme autrefois, sans rien perdre et en faisant des économies. Mais quelles sont ses astuces pour conserver les produits frais par exemple ? Elle utilise un beurrier à eau ou un beurrier breton, un puits du désert (il s'agit en fait de la version naturelle du réfrigérateur)... Pour le fromage, c'est un garde-manger.

Ensuite, il y a toutes les bonnes astuces de grands-mères, comme les pêches enroulées dans du papier de soie pour mieux les conserver... Pareil pour les oignons que l'on glisse dans des bas nylon... Et évidemment les bocaux en verre !!!

RÉGIMES DE TOUT POIL

Difficile de s'y retrouver : il y a à boire et à manger, c'est le cas de le dire.

Végétarisme

On ne va pas vous mentir, nous ne sommes ni végétariennes, ni végétaliennes, ni vegan. Ça, c'est dit ! Nous avons choisi de ne rien exclure de nos menus. Au « sans », on préfère le « un peu »... de tout ! En revanche, nous sommes vigilantes sur ce que nous achetons, MOINS de certaines choses mais MIEUX...

Qui mange quoi ?

- **Le végétarien.** Il exclut de son régime alimentaire toute chair animale. Pas de viandes, pas de poissons, pas de crustacés, pas de mollusques. Il consomme toutefois certains produits d'origine animale comme les œufs et le lait. Le semi-végétarien exclut la viande, mais consomme du poisson, des fruits de mer et même de la volaille.

- **Le flexitarien.** Comme son nom l'indique, il est « flexible ». C'est-à-dire qu'il limite sa consommation de viandes, poissons, œufs sans pour autant se l'interdire complètement. Il peut par exemple être végétarien chez lui, mais consommer poisson et viande lorsqu'il va au restaurant.

- **Le végétalien.** Il consomme uniquement des aliments issus du monde végétal. Pas de viandes, poissons, fruits de mer, produits laitiers, œufs et autres produits d'origine animale comme le miel.

- **Le vegan.** Plus qu'un régime alimentaire, c'est un mode de vie. Il s'agit d'écarter tout produit issu de l'exploitation animale. L'alimentation est donc sans viande ni produits d'origine animale. La vie quotidienne respecte aussi ces règles : les vegan ne portent pas de cuir, de laine, n'utilisent pas de cosmétiques ou de produits testés sur les animaux.

Attention, de nombreux vegan s'orientent vers les algues. Il faut être très prudent sur leur origine. Par ailleurs, on lit bien l'étiquette des produits vegan au supermarché. Si les ingrédients sont à 100 % d'origine végétale, ils ne sont pas 100 % sains ! Certains utilisent, par exemple, à la place du fromage des amidons ou des huiles végétales associés à des stabilisants et à des arômes. Pour relever le goût, la part de sucre est plus importante ! Et cela peut coûter jusqu'à deux fois plus cher. Privilégiez les aliments bruts et concoctez vos plats vous-même.

Comment éviter les carences ? Avec le Dr Laurence Plumey, médecin nutritionniste

Si l'on mange des œufs, du poisson et des produits laitiers, on peut se passer de viande à condition d'être vigilant.
Pour le poisson, on n'oublie pas, de temps en temps, du poisson gras : sardines fraîches, maquereaux grillés, saumon et hareng… Pourquoi ? Parce qu'ils sont très riches en vitamine D et en oméga 3, et l'on ne retrouvera pas exactement ces apports dans d'autres aliments.
Le risque de carence est beaucoup plus élevé chez les vegan. Les végétaux apportent un fer moins bien absorbé (sauf les légumes secs), peu de calcium, peu d'oméga 3, pas de vitamine B12. Le régime vegan doit donc obligatoirement s'accompagner d'un suivi. On le déconseille aux enfants, aux adolescents, aux femmes enceintes et aux personnes âgées.

Quels compléments ?

- Pour le calcium : orientez-vous vers des eaux minérales comme Contrex, Hépar, Courmayeur… On opte aussi pour les « laits » végétaux, mais attention, ils sont souvent très sucrés donc à faire soi-même. Si vous les achetez, prenez des jus « enrichis en calcium ». Le mot « sucre » ne doit pas figurer sur l'étiquette.
- Les oméga 3 : on peut en trouver dans l'huile de colza, de soja, de noix.
- Les protéines : vous en trouvez aussi dans l'œuf, les produits laitiers, le yaourt, le fromage… Pour les vegan, il faut consommer des légumineuses, des oléagineux, de la purée d'amandes, du soja… N'hésitez pas aussi à mélanger céréales et légumineuses : riz et lentilles, semoule et pois chiches, maïs et haricots rouges.
- Le fer : Aliments riches en fer qu'il ne faut pas oublier dans votre alimentation : lentilles, pois chiches, haricots blancs, amandes (avec la peau), jaune d'œuf, avoine, poudre de cacao…

Difficile en vérité de ne pas avoir de carence. Selon le Dr Plumey, c'est au bout d'un ou deux ans que l'on se rend compte que notre santé commence à vaciller si l'on ne fait pas attention. C'est assez paradoxal car une bonne alimentation naturelle se passe normalement de compléments alimentaires ! Le credo de Laurence Plumey : « Il faut manger un peu de tout pour ne manquer de rien. »

Bon à savoir

Certaines personnes confondent le régime sans lactose et le régime sans produits laitiers. Lorsque l'on est intolérant au lactose, il faut oublier le lait (cela crée des ballonnements et des diarrhées). En revanche, aucun problème pour finir le repas avec un morceau de fromage, source de calcium !

En ligne

Vegg'up : une appli personnalisée... Sélectionnez ce que vous aimez et ce que vous n'aimez pas pour des recettes qui seront dans la palette de vos goûts...

Vegoresto : c'est l'appli qui vous permet de trouver le bon restau qui vous convient... L'appli a été lancée à l'initiative de L214 (association de protection animale)... On rentre la ville, et on se repère facilement avec le code couleurs : violet = végétarien, vert = vegan, bleu = vegan-friendly... Pour chaque restau, vous avez une petite description, le numéro de téléphone, les horaires...

Sans gluten

Le gluten est omniprésent dans notre alimentation quotidienne. Attention, il faut bien faire la différence entre l'intolérance au gluten (que l'on appelle la maladie cœliaque et qui ne touche que 1 % de la population) et l'hypersensibilité. Celle-ci est-elle une mode ? Est-il vrai qu'à moins de souffrir de la maladie cœliaque il ne faut surtout pas supprimer le gluten de notre alimentation ?

Petit topo avec Christophe Cellier, gastroentérologue.

Qu'est-ce que le gluten ?

C'est une protéine qui n'apporte rien sauf le liant et l'élasticité. Le fait de le supprimer n'est pas dangereux en soi, il faut en revanche avoir une alimentation équilibrée.

Intolérance ou hypersensibilité ?

Attention, il faut bien différencier les deux. L'intolérance correspond à la maladie cœliaque. Elle abîme les intestins et provoque des réactions auto-immunes ; à long terme, des cancers de l'intestin. Les symptômes sont : douleurs abdominales, diarrhées, ballonnements, fatigue, amaigrissement, anémie... Pour ces personnes cœliaques, il est vital de suivre un régime sans gluten.
L'hypersensibilité n'est pas dangereuse, car il n'y a pas de destruction interne de la paroi de l'intestin. Elle se traduit par une fatigue, des maux de ventre, ballonnements... On ne peut pas le décréter sans un vrai diagnostic médical !

Le « sans gluten », une mode à risque

Si vous ne souffrez pas d'hypersensibilité ou d'intolérance, aucune raison de le supprimer. Dans les produits sans gluten (jusqu'à sept fois plus chers !), leur absence est parfois compensée par des additifs, des émulsifiants ou épaississants. Le Dr Cellier nous met en garde : « Supprimer le pain si à côté vous mangez plein de graisses, cela ne sert à rien ! Lorsque l'on supprime quelque chose, il faut absolument s'assurer qu'on le remplace d'une façon intelligente ! »

Bon à savoir

Si vous avez été diagnostiqué « cœliaque », retrouvez une foule de conseils auprès de l'Afdiag (Association française des intolérants au gluten), présidée par Brigitte Jolivet, pour mieux vivre avec votre intolérance.

L'association informe et aide à travers des colloques médicaux, des ateliers, des stages d'éducation nutritionnelle pour les enfants, des séjours sportifs, des publications informatives...
On adore l'onglet les recettes de Martine, qui propose chaque mois un menu avec sa recette.
Afdiag.fr

Attention à l'orthorexie !

Il faut faire attention aux régimes trop restrictifs qui peuvent vite mener à l'orthorexie : un trouble alimentaire qui consiste à avoir l'obsession d'une alimentation saine. Cela entraîne des troubles de l'alimentation, des carences, une perte de vie sociale. À vouloir tout supprimer, on fait n'importe quoi !

Raw food

« Raw » signifie « cru » en anglais, mais aussi « sauvage ». L'alimentation crue pourrait se traduire par une alimentation « brute ». Des produits frais, pas transformés, à près de 70 % d'origine végétale, non raffinés et consommés crus ou presque crus, c'est-à-dire très légèrement cuits. La cuisson ne doit pas dépasser 40 °.
Selon les adeptes, cela permettrait de favoriser la digestion et de mieux assimiler les vitamines.
L'avis de votre médecin est important pour anticiper les carences en vitamine B12, zinc, calcium, fer et les risques d'anémie. Cela peut provoquer des irritations du côlon, des réactions allergiques, des ballonnements ou des désordres digestifs. Bien sûr, le régime Raw food est incompatible avec la grossesse.
★ Les fruits et légumes : de qualité et bien lavés ! Pour les attendrir, émincez-les à la mandoline puis faites-les mariner

dans un mélange d'huile, de sel et de jus de citron pendant au moins 2 heures.

Le poisson : on le fait vider par son poissonnier car les bactéries se concentrent principalement dans les viscères. Il est préférable de le congeler avant pour éviter tout parasite comme l'anisakis (on vous laisse « googler », c'est pas beau à voir).

La coquille Saint-Jacques, vous ne consommerez crue que la partie blanche, pas le corail.

Le manger cru, c'est là aussi une tendance ! Nous, on adore le cru mais à petite dose... Comme toujours !

Une recette Raw Food,
par Marie-Sophie L., naturawchef

« Ma crupote® de betteraves et de framboises. Mixez finement 2 tasses de betterave épluchée, coupée en morceaux et une tasse de framboises fraîches ou décongelées. Ajoutez si vous le souhaitez quelques noix de cajou et de la vanille pour une crupote® crémeuse... et dégustez à température ambiante ou fraîche. Ma crupote® se conserve dans le réfrigérateur pendant une semaine dans un récipient en verre hermétiquement fermé. »

Ses livres : *L'instant Cru* et *L'Alimentation Crue, naturellement healthy* aux éditions Albin Michel.
Son site « l'instantcru.com » propose des conseils, des recettes et des cours en ligne. Pour les Parisiens, elle a également créé une carte « L'instant cru » de cuisine 100 % végétale pour le restaurant L'Alcazar.

Détox

Attention : les stages détox, c'est souvent l'arnaque ! Mieux vaut s'adresser à des professionnels avant d'en suivre un.
En voici deux exemples :

Le jeûne, avec Laurence Plumey, médecin nutritionniste et diététicienne

Les stages détox basés sur le jeûne n'ont aucun intérêt et cela est même dangereux. N'oublions pas que le corps est une usine qui travaille 24 heures sur 24. Qu'est-ce qui se passe lorsque vous coupez tout ? Il prend dans ses réserves.
Il n'y a pas de dangers à faire un jeûne 1 jour par semaine (à condition de boire beaucoup). Mais jeûner une semaine, c'est catastrophique pour les muscles. Sans protéines et sans vitamines, le corps puise dans les muscles et ces derniers s'astrophient.
À la fin de la cure, les gens sont ravis car ils ont perdu quelques kilos, mais ce que l'on oublie de dire, c'est que beaucoup de ces kilos sont du muscle. Donc ils reviennent avec un capital affaibli. Ces cures ont juste un effet placebo et le contrecoup vient après.

Le liquide, avec Kahina Oussedik-Ferhi, docteur en biochimie moléculaire et alimentaire, directrice associée du cabinet Libre Forme 8

Il est impératif de manger solide car la mastication est la première étape de la digestion.
C'est celle qui dit à votre estomac « Attention, je commence à manger ». L'estomac est un muscle qui travaille avec du suc. À partir du moment où il a rendu l'alimentation liquide, c'est lui qui décide de l'envoyer vers les intestins. Lorsque les gens consomment des jus ou des soupes pendant une semaine, ils ne respectent plus les étapes de la digestion. L'estomac ne décide plus, le liquide passe tout seul et ne respecte pas toutes les étapes digestives. Pour les intestins, c'est très mauvais et on voit souvent apparaître des œdèmes.
Nous ne sommes pas formatés pour une alimentation liquide.

Au quotidien

La meilleure manière de changer son régime sans manquer de rien ? Passer derrière les fourneaux !

- Des encas maison : n'hésitez pas à vous faire des encas de graines et fruits secs. Achetez séparément en vrac, c'est moins cher et vous pouvez faire vos mélanges vous-même ! Pour le déjeuner, le goûter, les petites faims : une tranche de pain complet avec un morceau de fromage, une tranche d'avocat, du houmous fait soi-même... On vous conseille le site « Académie du goût » qui rassemble des recettes et secrets des grands chefs. *www.academiedugout.fr*
- Des recettes rapidos : sélectionnez-vous quelques petites recettes équilibrées et rapides à avoir sous la main lorsque vous êtes pressé : une omelette pommes de terre-champignons, une piperade (tomates, poivrons, oignons revenus dans une poêle, lorsque c'est mijoté, cassez des œufs dedans et laissez cuire), des salades composées à base de lentilles, boulgour, quinoa, pois cassés...
- Des épices en vrac : plongez-vous dans les épices... Beaucoup de recettes indiennes : le dal (un plat à base de lentilles), le biryani végétarien (une recette délicieuse de riz parfumé avec plein de légumes), le dosa (crêpe de lentilles noires, riz, pois chiches souvent accompagnée de pommes de terre), chutney, naans au fromage... Osez aussi les épices dans les soupes !
- Des graines à germer : investissez dans un germoir en verre, pour faire vous-même vos graines. Attention à bien respecter les précautions et les règles d'hygiène pour éviter toute contamination. La base : laissez tremper dans l'eau les graines pendant une nuit puis jetez l'eau (attention, renseignez-vous sur la manipulation en fonction des graines). Rincez deux fois de suite puis laissez germer. Les rincer deux fois par jour pendant la germination. Entre « vos récoltes », n'oubliez pas de bien rincer et désinfecter votre germoir.

10 ingrédients de base pour un placard au top, d'après Ôna Maiocco, auteure et créatrice culinaire, enseignante en cuisine bio, végétale et locavore :

- Lentilles corail ou lentilles du Puy
- Riz rond semi-complet de Camargue
- Flocons d'avoine ou de millet
- Sauce tomate ou tomates concassées en bocal
- Pour saler : sauce de soja d'origine française : shoyu ou tamari (sans gluten) ou gomasio ou fleur de sel
- Herbes aromatiques au choix parmi : origan, laurier, romarin, mélange « herbes de Provence »
- Épices au choix parmi : mélange « 4-épices », curry en pâte fabriqué en Bretagne (marque Cari Mael), garam masala
- Ail et/ou oignon
- Une bonne huile d'olive vierge bio pour l'assaisonnement et la cuisson
- Une huile d'assaisonnement très parfumée : sésame grillé, noisette, noix

Attention aux excès !

Il existe d'autres régimes alimentaires… Qu'on n'a jamais essayés !

- Paléolitique : il s'agit de revenir 2,5 millions d'années en arrière, lorsque l'humain était chasseur-cueilleur. Pas de céréales, sucres, féculents, produits laitiers… mais des légumes, fruits, huile d'olive, œufs, viandes et poissons. Objectif : se rapprocher des besoins primaires.

- Cétogène : très peu de glucides, beaucoup de protéines et de « bonnes » graisses que l'on trouve dans les huiles, poissons gras, viande rouge… Ce régime a notamment été utilisé à partir de 1921 pour le traitement de l'épilepsie puis comme moyen rapide de perdre du poids. Oui mais… attention au manque de fibres, de vitamines, l'apport élevé en graisses n'est pas conseillé et peut aggraver les problèmes cardiovasculaires.

Sans pathologies diagnostiquées, il y a souvent plus de risques à suivre ces régimes si vous êtes en bonne santé. Vous risquez notamment des carences. Votre alimentation doit être adaptée à votre âge, à votre activité physique, à votre morphologie… Parfois les carences ne se ressentent pas tout de suite mais plusieurs mois après. Les conséquences ne sont parfois pas très agréables : déprime, irritabilité, problèmes de santé.
Pour résumer : nous sommes favorables à une alimentation variée, équilibrée, raisonnée, raisonnable d'où le plaisir n'est pas absent !

KID'S CORNER

Attention à l'apport massif en sucre dès le matin, notamment chez les enfants. « Matin » ne rime pas forcément avec « sucre ». Une bonne tranche de pain complet avec un morceau de fromage, un bon beurre, c'est très bien. Vous pouvez ajouter un œuf, des fruits, une compote maison...
Pour les enfants, tout ce qui est « transformé » est dangereux, car cela va bouleverser les papilles gustatives. Si vous ne donnez que du « synthétique » à vos enfants, le système digestif ne va plus comprendre le « naturel ». Chez l'enfant, le système digestif est en formation très tard : jusqu'aux premières règles chez la femme et la puberté pour l'homme. Pour autant, nous sommes favorables aussi à donner quelques produits transformés – la cantine s'en charge – pour ne pas que votre enfant soit le seul à l'école ou chez des copains à être interdit de Babybel. Ben oui, on n'est pas des ayatollahs, quand même...

MON ADO DEVIENT VÉGÉTARIEN !

Si son idole est Greta Thunberg (cette jeune Suédoise qui est le nouveau visage de la protection de la planète), qu'il a regardé des vidéos chocs sur les conditions d'élevage des animaux, qu'il vous annonce qu'il va sécher les cours pour aller défiler pour le climat, qu'il refuse poisson et viande et devient végétarien... on vous conseille le dialogue et l'échange. On le félicite pour son engagement. Ensuite on se met aux fourneaux, on applique toutes les bonnes astuces pour un menu équilibré et on se renseigne auprès de son médecin (surtout si votre ado est en pleine période de croissance). Pas de carences !

POUR EN SAVOIR PLUS

De bons livres

- *Je mange veggie, bien manger végétarien c'est facile*, Ôna Maiocco, éditions Eyrolles.
- *Ma cuisine super naturelle : manger bio, végétal et local*, Ôna Maiocco, Le Rouergue.
- *Alors, on mange quoi ?*, Laurent Chevallier, éditions Fayard.
- *Le Grand Livre de l'alimentation* et *Sucre, gras et sel. Ce que contiennent vraiment nos aliments*, Laurence Plumey, éditions Eyrolles.
- *Fêtes végétales*, Angèle Ferreux-Maeght, Ducasse édition.
- *Simplissime, recettes végétariennes les plus faciles du monde*, Jean-François Mallet, éditions Cuisine Hachette.
- *Vegan*, Alice Esmaralda, éditions First.

Blogs et Insta

Ashley Alexander *gatherandfeast.com*
Alice Esmaralda *alice-esmaralda.fr*
Agnes Cecilia Gällhagen *cashew-kitchen.com*
Clemfoodie *clemfoodie.com*
Deliciously Ella *deliciouslyella.com*
Jeanine Donofrio *love&lemons.com*
Lucile Woodward *pour ses supers recettes lucilewoodward.com*
Madeleine Shaw *madeleineshaw.com*
Mangoandsalt *mangoandsalt.com*
MissBlemish *missblemish.fr*

Recettes vegan

Vegan freestyle *www.veganfreestyle.com*
La Ginguette d'Angèle *https://laguinguettedangele.com*

CHAPITRE 2
Mmmmmmmmmm...

PROPRE DE LA TÊTE AUX PIEDS EN PASSANT PAR LE MILIEU !

À votre avis, combien de produits hygiéniques et/ou cosmétiques utilisez-vous chaque jour ? Si vous êtes une femme... en moyenne 16 ! Contre 7 pour les hommes et 17 pour les adolescents. Or chaque soin contient en moyenne 14 ingrédients, soit un total de 168 substances chimiques différentes qui se mêlent à votre peau ! Cette chimie est idéale pour faire un beau produit onctueux, moussant, odorant... Mais est-elle bonne pour notre organisme ?
Certaines de ces substances sont allergisantes ou perturbent votre fonctionnement hormonal. Être propre est essentiel à notre santé et... favorise la bonne entente avec l'entourage, mais pas à n'importe quel prix et avec n'importe quoi ! Nous, on préfère être actrices de notre santé et choisir les produits les plus naturels possible.
Attention, des molécules, il en existe des millions, des produits des milliers et les gammes changent vite. C'est pour cela qu'on va vous apprendre à vous poser les bonnes questions, avec des informations sur les principaux ingrédients néfastes et des pistes de produits sans risque. On ne peut pas être exhaustives mais après nous avoir lues, vous serez éclairé(e) et indépendant(e) !

Nos règles d'or

1) Je repère les ingrédients à éviter (ceux qui ont des noms tellement longs qu'on n'essaie même pas de les lire…). L'astuce : en anglais c'est chimique, en latin c'est naturel !
2) Je privilégie les produits avec la liste d'ingrédients la plus courte : moins c'est mieux !
3) Je ne garde que les produits essentiels et je laisse reposer ma peau.
4) Je laisse tomber le gel hydroalcoolique, les déodorants aérosols et les lingettes pour moi et mon bébé !
5) Je n'utilise les huiles essentielles qu'après avoir demandé l'avis d'un professionnel.
6) Je fais quelques produits moi-même… mais je garde un œil sur leur durée de conservation !
7) Je choisis une crème solaire puissante et tant pis pour la composition chimique. Parfois, la nature, c'est pas l'idéal !

L'HYGIÈNE : TOUT CE QU'IL FAUT POUR ÊTRE NATURELLEMENT PROPRE !

LE CORPS

Les gels douche et bains moussants

Un gel... ça doit mousser, sentir bon et être onctueux ! Ah oui, mais comment ? Attention désenchantement :

- La mousse délicate s'obtient avec des tensioactifs, des détergents qui irritent la peau.
- La bonne odeur ? Avec des parfums qui contiennent des substances allergènes.
- Et l'onctuosité, alors ? Avec des épaississants d'origine pétrolière.

Bon à savoir

Pour conserver le tout, il y a les **parabens.** Quand ils sont exclus, l'industrie cosmétique les remplace par des ingrédients souvent perturbateurs endocriniens (cf. encadré, p. 104) et/ou allergisants. Donc méfiance quand vous lisez sur une étiquette : « sans paraben », posez-vous la question : Par quoi est-ce remplacé ?

Voilà pour l'autopsie du gel douche... Que se passe-t-il ? Vous faites la tête, plus trop envie de vous laver avec des détergents et du pétrole ? Vous alors !

Bon à savoir

Et le gel hydroalcoolique ? Deux antiseptiques présents dans ce produit sont suspectés d'être des perturbateurs endocriniens (on insiste parce qu'on va vous en parler jusqu'à ce que vous alliez vérifier toutes les étiquettes de votre salle de bains). En plus, tenez-vous bien, ils ne lavent pas nos mains et seraient inefficaces contre les microbes. Alors, on s'en passe...

Les perturbateurs endocriniens (PE)

Qu'est-ce que c'est ?

Un perturbateur endocrinien est une substance chimique qui altère le fonctionnement du système hormonal des êtres vivants, notamment chez le fœtus, pendant la petite enfance et l'adolescence.

À fortes doses, les perturbateurs endocriniens pourraient être nocifs pour le développement de l'être humain, favoriser des cancers du sein, fragiliser la fertilité... **et d'autres maux en cours d'étude sur les animaux.**

Mais qu'est-ce qu'une forte dose... ? Cela reste à définir et, pour le moment, seul le principe de précaution permet de se protéger.

Où les trouve-t-on ? :

Dans les cosmétiques, l'alimentation, les plastiques, les peintures, les jouets, les vêtements, les pesticides, les produits ménagers. Mais attention, il n'y a pas que l'industrie qui fabrique des PE, il y a aussi la nature ! Méfiance, on peut aussi en trouver dans certaines huiles essentielles.

Liste non exhaustive des perturbateurs endocriniens dans les cosmétiques :

- BHA (butylated hydroxyanisole ou butylhydroxyanisole) : dans les crèmes hydratantes, produits pour les cheveux, etc.
- Parabens (butylparaben, propylparaben et tout ce qui finit en paraben !) : potentiellement partout.
- Ethylhexyl methoxycinnamate ou octyl methoxycinnamate : potentiellement partout.
- Triclosan : dentifrices, déodorants, nettoyants intimes, etc.
- Benzophenone-1, Benzophenone-2 : solaires, vernis, déodorants, eaux de toilette, etc.
- Cyclopentasiloxane, cyclotetrasiloxane, cyclométhicone : crème, lait corporel, fond de teint, etc.
- Acide salicylique : shampoings et divers nettoyants
- BHT (butyl hydroxytoluène) : laits, crèmes

Pourquoi ne sont-ils pas interdits ?

Parce qu'au niveau européen, on ne se met pas d'accord sur leur définition, leur dangerosité, leur nombre. C'est à nous, consommateurs, d'être vigilants. Mais bonne nouvelle : le gouvernement français va établir une liste officielle des perturbateurs endocriniens notoires d'ici 2021.

Notre conseil :

Bannissez les produits qui contiennent ces PE si vous êtes enceinte, adolescent(e) et pour vos bébés et enfants. Pour les autres, à consommer avec modération.

Les autres ingrédients dont il faut se méfier dans les cosmétiques...

... Parce qu'ils sont possiblement allergisants (liste non exhaustive) :

- Les tensioactifs : sodium lauryl sulfate, ammonium lauryl sulfate.

- Les épaississants : copolymer, polyéthylène, polyquaternium-7, acrylate, polyisobutene.
- Les agents blanchissants : dioxyde de titane, oxyde de zinc, dioxine de chlore, dioxyde de chlore.
- Les conservateurs : méthylisothiazolinone, méthylchloroisothiazolinone, benzisothiazolinone, phénoxyéthanol.
- Les additifs synthétiques : EDTA, propylène glycol.
- Les plastiques/silicones : cyclomethicone, dimethicone, dimethiconol...
- Les huiles minérales : paraffin, ceresin, ozokerite, synthetic wax...
- Les parfums : Amyl Cinnamal, Benzyl alcohol, Cinnamyl Alcohol, Citral, Hydroxycitronellal, Eugenol, Isoeugenol, Amylcinnamyl Alcohol, Benzyl salicylate, Cinnamal, Coumarin, Geraniol, Hydroxymethylpentylcyclohexenecarboxaldehyde, Anise Alcohol, Benzyl cinnamate, Farnesol, Butylphenyl Methylpropional, Linalool, Benzyl benzoate, Citronellol, Hexyl Cinnamal, Limonene, Methyl 2 octynoate, Alpha Isomethyl, Ionone, Evernia prunasti, Evernia furfuracea.

Le cas du phénoxyéthanol :
Ce conservateur figure très souvent dans la liste des ingrédients de vos cosmétiques et ceux de vos enfants. Selon l'Ansm (Agence nationale de sécurité du médicament et des produits de santé), « le phénoxyéthanol est un agent conservateur utilisé dans divers produits cosmétiques, notamment ceux utilisés lors du change des bébés. Des études toxicologiques suggèrent une toxicité du phénoxyéthanol pour la reproduction et le développement à fortes doses chez l'animal, sans que de tels effets aient été rapportés chez l'homme ». Par précaution, l'Ansm recommande que « les produits cosmétiques non rincés contenant du phénoxyéthanol ne soient pas utilisés sur les fesses des enfants au moins jusqu'à 3 ans ».

Les alternatives naturelles

Au supermarché

• Gels douche :
Sanex, zéro % 750 ml
So'Bio étic, douche crème lait d'ânesse 650 ml
• Bains moussants :
Eco by Naty, 200 ml
Alphanova Bébé, 500 ml
Oui, on a choisi des références pour bébé car, en bio, ce sont les plus naturelles qui soient !

Sur les sites et dans les réseaux spécialisés

• Gels douche :
A-DERMA, huile lavante Exomega control, 200 ml
Avène, huile lavante XeraCalm A. D, 400 ml
Centifolia, shampoing douche 500 ml
Weleda, crème de douche confort amande 200 ml
• Bains moussants :
Cosmo Naturel, bain douche relaxant Verveine exotique 1 l
• Pour les mains :
Aroma-Zone, salon d'Alep 1 l
Cosly, gel lavant gourmand, pomme 1 l

À faire soi-même

Sur le site d'Aroma-Zone, une large gamme de gels douche à faire et à choisir en fonction de votre peau.

Les savons

Moi, je suis une adepte du savon, ça vous fait une belle jambe, certes. D'autant plus que c'est un détergent décapant, donc à éviter quand on se lave les mains, ou en cas de peau sèche ou fragile. Quand on peut s'en servir, encore faut-il choisir les bons ! On retient trois grandes catégories :

★ La saponification à chaud : dans le cas des savons classiques, les industriels font chauffer la pâte à savon jusqu'à 120 °C. Résultat : les huiles vantées dans la liste des ingrédients perdent leurs vitamines et leur pouvoir hydratant.

En plus, ils contiennent peu de **glycérine** (retenez ce mot, il sonne chimique et pourtant c'est une merveille, c'est elle qui permet l'hydratation de votre peau) et quantité d'allergisants, d'antioxydants très vilains et d'additifs synthétiques.

Bon à savoir

Tous les savons saponifiés à chaud ne sont pas à éviter, les vrais savons d'Alep et de Marseille sont formidables par exemple.

Le savon surgras : il est plus sympathique, puisqu'il contient de la graisse qui a été ajoutée en fin de saponification (du beurre de karité, de l'huile d'amande douce, de l'huile de colza… bref une huile végétale qui nourrira votre peau).

Et voici le savon saponifié à froid, notre préféré. Il peut être surgras ou non. Il est fabriqué selon une méthode artisanale. La pâte à savon n'est pas chauffée et les huiles végétales gardent toutes leurs propriétés. Cette technique permet d'accueillir des huiles essentielles, des actifs hyper doux comme le lait, le miel. Comment les repérer ? Avec un logo ou la mention « saponifié à froid » ou « méthode à froid ».

Bon à savoir

Attention, il y a aussi de mauvais savons saponifiés à froid, qui contiennent des parfums ou des conservateurs.

Les alternatives naturelles

Au supermarché

Cattier, savon doux végétal surgras karité bio, 150 g

Sur les sites et dans les réseaux spécialisés

Avène, pain nettoyant surgras, 100 g
Savonnerie bio Kankan, savon soin surgras saponifié à froid, miel et amande douce
Moe, savon lait de jument et miel, 100 g
Daliane, Colette, 42 % de lait frais d'ânesse bio, 100 g

La savonnerie du Midi, **la Corvette**, savon de Marseille Olive, 300 g
Marius Fabre, savon de Marseille, 400 g
Aroma-Zone, savon d'Alep à 20 % d'huile de baies de laurier

À faire soi-même

Sur le site d'Aroma-Zone, des recettes de savons pour toute la famille : des créations artistiques, parfumées et des versions plus traditionnelles.

Et si on se lavait moins ?

La peau humaine est couverte d'un film hydrolipidique, qui nous protège des agressions extérieures. Avec trop de soins, on abîme ce film et on dessèche notre peau… Un conseil, sous la douche, frottez vos membres uniquement si vous avez sué sang et eau ! Sinon, limitez-vous à l'aine, le sexe, les aisselles et les pieds.

Les crèmes hydratantes

Vous avez remarqué, votre peau est sèche parfois, elle tiraille... Soit vous ne buvez pas assez (1 litre et demi / 2 litres, idéal chaque jour), soit vous utilisez des gels douche bourrés de tensioactifs.

Les alternatives naturelles

Au supermarché

• Le corps :
So'Bio étic, lait hydratant aloe vera, 500 ml
• Les mains :
Pulpe de vie, Bas les pattes, crème mains et ongles, 30 ml
Lavera, SOS baume mains, 50 ml

Sur les sites et dans les réseaux spécialisés

• Le corps :
Aroma-Zone, beurre de karité, 100 ml
Aroma-Zone, huile de coco, 100 ml
Weleda, lait corps confort Amande, 200 ml
Perlanesse, Kami, nectar corps divin, 200 ml
• Les mains :
Avène, Tolérance extrême, 50 ml
La Roche-Posay, la gamme Tolériane
Bio secure, à l'aloe vera et huile d'argan, 50 ml
Abellie, crème mains nectar de douceur, 100 ml
• Les pieds :
B comme Bio, crème pieds nourrissante et relaxante, 100 ml
Floressance, huile végétale avocat ou amande douce

« Moins c'est mieux » ou comment décrypter la liste des ingrédients d'un produit

Vous l'avez compris, acheter n'est plus un acte à accomplir les yeux fermés, vous ne pouvez pas faire confiance aux slogans vantards qui estampillent vos cosmétiques. Environ 70 % de la formule du produit apparaît dans les 4/5 premiers ingrédients listés au dos. Si ces premiers ingrédients sont d'origine chimique, fuyez. Oui mais comment le savoir ?

- Les ingrédients qui apparaissent en anglais sont des substances qui ont été transformées chimiquement (exemple : Lanolin Alcohol).
- Les ingrédients en latin, au contraire, sont issus des plantes et n'ont pas subi de transformations (sauf le paraffinum liquidum, qui désigne l'huile de paraffine qui vient de la pétrochimie). Ces ingrédients en latin sont souvent accompagnés d'un mot en anglais (exemple : prunus oil), mais demeurent naturels.
- Tout ce qui parfume (à éviter) est regroupé sous cette appellation : Parfum / Fragrance

Choisissez des produits qui ont un minimum d'ingrédients, « moins c'est mieux », c'est votre nouveau slogan !

Les déodorants

Le choix d'un bon déo, c'est une belle prise de tête... Les anti-transpirants contiennent des sels d'aluminium : naturels ou pas, ils bouchent les pores de la peau et sont soupçonnés de favoriser des cancers et des maladies neurodégénératives. En plus, ils sont bourrés d'allergisants, de conservateurs, de silicones et de polymères. Sachant que tout cela pénètre encore plus facilement sur une peau irritée (par exemple récemment rasée)... Quant aux déodorants aérosols, ils émettent des particules fines.

Alors quoi ? On se talque les aisselles au bicabornate de soude ? Non… ça assèche trop la peau. On ne porte plus rien ? Nous, on n'est pas très à l'aise… Heureusement, on a fini par trouver la solution !

Les alternatives naturelles

Au supermarché

Coup de cœur

Sanex dermo protecteur, le super bon élève, seulement 7 ingrédients. Rien de toxique.

Sur les sites et dans les réseaux spécialisés

Déodorant **Lavera**, roll on, 50 ml
Déodorant en baume L'herbacé 50 g, **Clémence et Vivien**
Déodorant solide au palmasa, **Lamazuna**
www.lamazuna.com/fr

C'est à la mode : naturel, bio, c'est tout beau ?

Ce n'est pas si simple car certains ingrédients allergisants, comme les parfums, sont naturellement présents dans les fleurs. Deux labels pour éviter les substances allergènes :

- Le label ECARF, celui de la Fédération européenne pour la recherche sur les allergies.
- Le label « Allergènes contrôlés ».

Bon à savoir

Attention aux huiles essentielles ! Ne les prenez pas à la légère sous prétexte qu'elles relèvent de la phytothérapie. Elles ont des pouvoirs extraordinaires, MAIS ne les utilisez pas sans l'avis de votre médecin, de votre pharmacien ou d'un herboriste chevronné. Pour les personnes souffrant d'allergies respiratoires, d'asthme, de rhume des foins ou de problèmes de peau, il est impératif de consulter !

On utilise une dizaine de cosmétiques par jour en fait !
Imagine le cocktail chimique...
Parle pour toi !
Me maquille pas, moi.
le déo
le gel douche
le dentifrice
Mmm...
le shampoing
la crème rasage
le savon pour les mains
le gel coiffant
du parfum...
Je continue ?
Non, non, c'est bon...

LES CHEVEUX

Les shampoings et après-shampoings

Si vous utilisez n'importe quoi, vous pouvez développer une allergie, de l'eczéma ou fabriquer des pellicules. Ce qui semble vous faire le cheveu doux et brillant, ce sont les **silicones**. L'effet est sympa quelques semaines et puis ils alourdissent votre cheveu et l'abîment. La mousse, c'est l'œuvre des tensioactifs, ces détergents irritants pour le cuir chevelu et la peau de votre corps. Bref, ça ne sert à rien de choisir un shampoing aux 36 ingrédients et 12 propriétés.

Bon à savoir

Lors du shampoing, rincez abondamment votre cuir chevelu, vos cheveux… et l'arrière de votre corps (dos, fesses, mollets), zones sur lesquelles le shampoing s'écoule.

C'est la mode : le « no poo »

Il s'agit de cesser d'utiliser tout shampoing et de ne se rincer les cheveux qu'à l'eau claire. Pour y parvenir, il faut que le cuir chevelu se rééquilibre, il faut espacer les shampoings et bien se brosser les cheveux chaque jour pour répartir le long des pointes le sébum accumulé aux racines. Surtout bien nettoyer sa brosse avec du vinaigre et de l'eau chaude. Ensuite, il existe différents types de lavage « sans shampoing » stricto sensu : au rassoul (une argile volcanique très douce pour les cheveux et le cuir chevelu) ou au shikakaï (une poudre de plante indienne, douce, démêlante et brillante).

★ Et le shampoing solide ? Pas mal du tout, ça ne mousse pas, donc l'effet est surprenant, mais bien rincé, c'est agréable. Ça se conserve longtemps sur un porte-savon – car cela ressemble à un savon ! – aéré (marque : Économiseur de savon écologique Smith sur Amazon) ou un crochet ventouse vendu avec. Le shampoing dure longtemps, c'est économique et pratique pour le voyage.

★ Et les shampoings secs ? On oublie. Des aérosols pleins de gaz propulseur, de conservateurs et de parfums. On dit qu'ils absorbent le sébum à la racine et permettent de différer le shampoing suivant... Foutaises !

★ Et les après-shampoings ? C'est épatant cinq fois, puis le cheveu ramollit parce que ces produits sont saturés de **silicones** et de conservateurs dangereux. Résultat : vos cheveux sont de plus en plus lourds, vous les lavez de plus en plus, vous décapez votre cuir chevelu. Personnellement, je n'en utilise jamais. Si toutefois mes cheveux sont électriques (ma croix !), je me frotte les mains avec une minuscule noisette de ma crème hydratante bio pour le visage ou le corps et je passe mes mains dans mes cheveux. Ou encore je lisse mes cheveux avec mes mains à peine humidifiées.

Bon à savoir

Pour les cheveux fins, donnez-vous un bon coup de brosse spéciale cheveux fins sous la douche, après le shampoing (marque : Wet brush). C'est incroyablement efficace.

Les alternatives naturelles

Au supermarché

- Shampoings :

So'Bio étic, shampoing, cheveux doux, lait d'amande, 250 ml

- Après-shampoings :

So'Bio étic après-shampoing, cheveux nourris karité, 200 ml

Sur les sites et dans les réseaux spécialisés

- Shampoings :

Centifolia, shampoing douche, 500 ml
Coslys, rituel douceur shampoing ultra doux, 1 l
Ducray, extra-doux, 400 ml
B comme Bio, shampoing doux usage fréquent, 200 ml

• Après-shampoings :
Centifolia, baume après-shampoing, 200 ml
Leonor Greyl, crème de soin à l'amarante, démêlant et protecteur de couleur, 150 ml

À faire soi-même

D'une simplicité enfantine, d'une efficacité redoutable !
www.aroma-zone.com
Cf. l'encadré page suivante.

Coup de cœur

Gels douche, shampoings, dentifrice ! Coup de chapeau à la nouvelle ligne « **Love beauty and planet** » du géant Unilever : des produits aux packagings 100 % recyclés, 100 % vegan et 95 % biodégradables.

Les masques

Même problème que les après-shampoings. Voici des recettes maison qui marchent bien et qui n'abîmeront ni votre cuir chevelu, ni vos cheveux, ni vos finances.

Mélangez 1 demi avocat + 1 cuillère à soupe de miel et 1 cuillère à soupe d'huile végétale (coco, olive, jojoba) et appliquez partout sauf sur les racines. Rincez au bout d'une heure.

Appliquez sur les pointes un avocat trop mûr ou une huile végétale (coco, olive ou jojoba) et laissez agir quelques heures. Une fois par semaine pour les cheveux difficiles à démêler.

Encore plus simple : enduisez les longueurs et pointes de beurre de karité bio ou d'huile de carthame, laissez poser 1 à plusieurs heures. Shampouinez ! C'est magique !

C'est à la mode : faire soi-même ses cosmétiques, mode d'emploi

Des recettes, il y a en beaucoup sur les sites indiqués plus loin, p. 144. Celui d'Aroma-Zone vous guide admirablement avec des conseils clairs, gratuits, et des produits d'excellente qualité à des prix très raisonnables.
Le matériel pour bien travailler à acheter ou à commander chez Aroma-Zone :
1 petit bol en inox (200 ou 300 ml)
1 mini-fouet en inox
1 spatule maryse

Attention cependant à la conservation ! Une crème peut tenir quelques jours seulement... Certaines recettes (trop complexes) peuvent aussi favoriser les allergies ou (trop grasses) l'acné. Si vous vous lancez dans la fabrication de cosmétiques, respectez scrupuleusement les règles d'hygiène et de conservation. Et en cas de peau sensible, éliminez les huiles essentielles.

LE VISAGE

Les crèmes hydratantes

Parfums, colorants, silicones, conservateurs... Vous commencez à connaître la chanson, c'est dans tout ça qu'il faut faire le tri. Avec une méfiance supplémentaire liée à certaines crèmes supposées vous protéger des rayons du soleil... L'intention est délicate sur le papier mais sur la peau, c'est parfois la cata. Pourquoi ? Tous en chœur : ce sont des perturbateurs endocriniens !

Astuce

Le week-end, je remplace ma crème hydratante par une huile (macadamia, pin, jojoba…).

Coup de cœur

Huile de pin maritime d'**Océopin**, 15 ml

Et la crème de nuit ? Les dermatologues déconseillent car cela « alourdirait » la peau. On a tenté de s'en passer… et on n'y arrive pas ! Au bout de quelques jours, la peau tiraille toujours et on reprend nos habitudes de crémage.

Notre compromis : il existe une merveilleuse crème à la recette millénaire et 100 % naturelle : le cérat de galien.

À faire soi-même et à appliquer de temps en temps pour restaurer votre peau. Ingrédients : huile d'amande douce, cire d'abeille pour épaissir, hydrolat de rose.

Et les crèmes anti-âge ? Vous pouvez bien mettre tous les soins du monde, mais si vous fumez, buvez trop d'alcool et prenez trop le soleil, votre peau vieillira prématurément. Pour les peaux jeunes, préférez des crèmes avec des vitamines type E et C, avec des polyphénols comme ceux qui viennent du thé vert ou des pépins de raisin. Les peaux matures ont besoin d'être plus hydratées.

Et l'eau sur le visage ? Avec modération. Trop de rincage décape le sébum et assèche la peau. Le top, c'est la brumisation d'eau thermale.

Les alternatives naturelles

Au supermarché

So'Bio étic, Crème riche hydratante aloe vera, 50 ml
Pulpe de vie, caresse veloutée à la pêche bio, 40 ml
Pulpe de vie, « the rides killer », soin lissant hydratant, 40 ml
Petit plus :
Pulpe de vie, miss sunshine, sérum détox au melon bio, 40 ml

Sur les sites et dans les réseaux spécialisés

• Crèmes hydratantes :
Jonzac, soin riche réhydratant bio, 50 ml
Embryolisse, lait-crème concentré, 75 ml
Centifolia, soin global d'exception jour, 50 ml
Avène, la gamme Xera-Calm
Aderma, la gamme Exomega
• Crèmes anti-âge :
B comme Bio, soin global anti-âge, 50 ml
Lift'Argan, émulsion sublime anti-rides 50 ml
Océopin, crème à l'huile de graines de pin, soin visage anti-âge, 50 ml
Apicia, soin anti-âge jour ou nuit, 40 ml

À faire soi-même

Recettes et ingrédients : *www.joliessence.com*

Bon à savoir

Je choisis une crème en tube, elle contient moins de conservateurs qu'une crème en pot exposée à la lumière. Et on évite la contamination par le doigt que l'on plonge dans le pot !

La crème solaire

Comment fonctionne une crème solaire ? En filtrant les UVA (qui provoquent les cancers de la peau) et les UVB (qui mènent aux coups de soleil). Le problème ? Toujours le même : ces filtres chimiques sont soupçonnés d'être des perturbateurs endocriniens. Les crèmes bios les remplacent par des filtres minéraux... qui, selon les dermatologues, ne sont pas aussi efficaces, ou par des nanoparticules... qui tra-

verseraient la peau et représenteraient un danger pour notre santé. Arghhh, on devient fou, non ?
La vérité, c'est que quelle que soit la nocivité d'une crème solaire, c'est toujours mieux d'en mettre que de risquer un mélanome !
Le bon comportement à adopter :
- Vous exposer le moins possible pour ne pas risquer de brûler ni d'avoir à gorger votre peau de crème solaire. Pas entre 11 heures et 16 heures.
- Porter un chapeau en toutes circonstances.
- Étaler la crème 30 minutes avant l'exposition avec générosité.
- Renouveler l'application toutes les 2 heures.
- Choisir des produits qui limitent les dégâts. Essayez de bannir ces ingrédients :

– Benzophénones
– Oxyde de zinc
– Dioxyde de titane

Coup de cœur
Avène solaire, SPF50+ Spray 200 ml

Bon à savoir
Les indices 50 et 30 sont presque identiques en ce qui concerne la protection. La 50 arrête 98 % des UVB, la 30, 97 %.

Les baumes à lèvres

Les lèvres sont des muqueuses qui absorbent facilement ce qu'on leur applique... Les baumes de l'industrie conventionnelle sont à base de paraffine pétrochimique et contiennent eux aussi des conservateurs, perturbateurs endocriniens, silicones, etc. Quand on pense qu'on mange la moitié du coup de stick qu'on applique !
Dans votre baume, il faut de la cire végétale ou cire d'abeille + du beurre (karité) + des acides gras (des huiles végétales type jojoba, macadamia, argan).

Il faut privilégier les baumes pour les lèvres avec une liste d'ingrédients la plus courte possible... Vous pouvez aussi utiliser et appliquer un peu de beurre de karité.

Bon à savoir

Personnellement je n'en mets absolument jamais. J'ai remarqué que plus j'en mettais, plus mes lèvres étaient sèches... Et pour cause : elles étaient rapidement « en manque » de gras. Maintenant, quand elles sont sèches, je fais « déborder » sur les lèvres ma crème hydratante pour le visage.

Les alternatives naturelles

Sur les sites et dans les réseaux spécialisés

Apicia, soin des lèvres bio pollen et cire d'abeille, 3 g
Alkemilla Eco Bio Cosmetic, Addolcilabbra
Skin and Tonic, baume à lèvres nature ou rose, 4 g

Les repères pour choisir !

Les labels qualité :

Ecocert cosmétique bio, Ecocert cosmétique éco
Écolabel
Cosmébio cosmétique bio, Cosmébio cosmétique éco
Nature & Progrès
Natrue : ONG européenne

Les sites qui aident :

www.quechoisir.org
www.60millions-mag.com
www.greenweez.com
www.slow-cosmetique.com
www.mademoiselle-bio.com

Le dentifrice

Ah, le tube de dentifrice, c'est l'un des produits les plus vantards de la cosmétique : « Dents ultra-blanches ! », « Haleine fraîche ! », « Antitartre ! », « Anticaries ! »
Mais c'est étonnant, les industriels oublient d'ajouter ces slogans : « Avec du triclosan, un perturbateur endocrinien qui porte atteinte à votre fertilité ! », « 100 % tensioactifs moussants et irritants ! » C'est peut-être moins vendeur ?

Les alternatives naturelles

Sur les sites et dans les réseaux spécialisés

Boison, dentifrice homéodent, 75 ml
Pur Aloe, dentifrice à l'aloe vera 70 %, 75 ml
Logodent, toute la gamme est vegan
Lavera, dentifrice à l'échinacée bio et à la propolis, 75 ml
Weleda, pâte dentifrice saline, 75 ml
Si vous souhaitez un bain de bouche :
Logadent, bain de bouche concentré aux plantes, 50 ml
Weleda, bain de bouche à la myrrhe, 50 ml
Love, Beauty and Planet, dentifrice et bain de bouche vegan

C'est à la mode : peut-on utiliser le bicarbonate de sodium pour se brosser les dents ?

Oui ! Une fois tous les dix jours. Il est légèrement abrasif, mais n'abîme pas les dents. Il polit l'émail des dents et les blanchit en éliminant les taches liées au café et au thé.

Que penser du **dentifrice solide au charbon** ?
Selon certains dentistes, le charbon solide en guise de dentifrice serait trop abrasif pour l'émail. Et surtout, comme toutes les bouches sont différentes et uniques, mieux vaut demander conseil à votre dentiste.

LE SEXE

Les gels intimes

Alors là on est bien embêtées, car il y a plusieurs écoles. Donc, voilà ce que l'on va faire : on va vous les donner – les écoles –, on va vous dire ce que l'on fait, nous et vous allez… vous débrouiller ! Certains médecins disent que c'est une grosse arnaque ! Car la plupart des gels intimes contiendraient des ingrédients agressifs pour la flore vaginale et seraient susceptibles de provoquer chez certaines femmes des infections comme les mycoses, les vaginoses… Ces médecins-là recommandent de se laver avec, par exemple, votre huile lavante habituelle et de l'eau claire. Mais d'autres médecins que nous avons également interrogés nous disent l'exact inverse ! Qu'il est nécessaire d'utiliser un gel intime acheté en pharmacie pour respecter le pH et la flore vaginale. Et de ne jamais en changer justement pour ne pas créer de déséquilibre.
L'une de nous est adepte de la première école, l'autre de la seconde et tout va bien pour nous deux ! Ce qui met tout le monde d'accord : bien se sécher à cet endroit-là, car l'humidité n'est pas recommandée.

Le papier-toilette

Le papier-toilette est souvent blanchi au chlore parce que les industriels pensent qu'on refuserait de s'essuyer avec du papier brun. Les colorants et le parfum peuvent être irritants, allergènes, et contenir des perturbateurs endocriniens.

Que privilégier ?
- Le papier de couleur écru ou brun.
- Le papier traité par PCF (procédé sans chlore).
- Le papier recyclé blanchi avec de l'oxygène, de l'ozone ou du peroxyde d'hydrogène (eau oxygénée).

Les alternatives naturelles

Au supermarché

Renova green, recyclé, sans chlore, sans parfum, sans colorant

Sur les sites et dans les réseaux spécialisés

Grazie, papier-toilette écologique de couleur naturelle, 100 % écologique, 100 % papier recyclé Écolabel, qui n'a pas été blanchi.
Ecodoo, papier-toilette recyclé, non blanchi

Les protections hygiéniques

Serviettes et tampons blanchis au chlore contiennent parfois aussi des pesticides, des parfums ou des parabens. Mais attention, pas de lien reconnu et officiel entre les démangeaisons, mycoses et le procédé de blanchiment au chlore. C'est un principe de précaution.
Une petite nouvelle qui devient enfin mainstream : la coupe menstruelle, qui s'insère dans le vagin et recueille le flux pendant 4 à 12 heures. On la vide, on la rince, on la stérilise soi-même, et hop ! C'est écologique, économique, et garanti sans produits chimiques… Est-ce que, nous, on l'utilise ? Non…

Les alternatives naturelles

Au supermarché

• Serviettes et tampons : toute la gamme **Naty**. Sans chlore ni plastique, sans colorants ni produits chimiques, 100 % coton biologique certifié GOTS, biodégradable et compostable.
• Coupe menstruelle : **Be' Cup**, en silicone hypoallergénique.

Sur les sites et dans les réseaux spécialisés

• Serviettes et tampons :
Natracare, coton 100 % biologique.
Silvercare, coton bio. Sans parfum, ni composant chimique.
• Coupe menstruelle :
Meluna, 100 % TPE qualité médicale.
Allo'Nature, 100 % silicone médical hypoallergénique.

Bon à savoir

Vous avez peut-être entendu parler du « flux instinctif libre » aussi appelé le « free flow instinct ».
Le principe : avoir ses règles, mais ne rien mettre (pas de protections hygiéniques) et retenir le flux sanguin jusqu'à pouvoir filer aux toilettes.
L'élément clé : la maîtrise totale de son périnée.
Plusieurs gynécologues consultés nous ont dit que c'était « absolument n'importe quoi » ! À vous de voir...

Les lingettes intimes

Elles sont bien pratiques, ces lingettes jetables. Mais quand on retourne le paquet et qu'on lit la liste des composants, on est inquiet. Sur l'un des paquets achetés en pharmacie, j'ai découvert du phénoxyéthanol. Comment un allergisant soupçonné de porter atteinte à la fertilité peut-il se trouver dans une lingette intime ?
La solution idéale conseillée par mon gynécologue : utiliser un gant de toilette ou un tissu en coton bio/en bambou et de l'eau pour vous rafraîchir.
Si vous tenez à vos lingettes, on comprend... En voyage, au bureau ou dans la journée, mais pas tous les jours !

Les alternatives naturelles

Sur les sites et dans les réseaux spécialisés

Natracare, 12 lingettes, coton bio.
Douce nature, natur'intim, 15 lingettes.

Le préservatif

On ne va pas se mentir : les préservatifs, masculins ou féminins, ce n'est pas du tout écolo ! Mais ils restent le SEUL, L'UNIQUE moyen de se protéger des maladies sexuellement transmissibles. Il en existe des vegan (mais siiiiiiii) ! Ils sont sans caséine, la protéine issue du lait qui rend le latex plus souple. Il en existe aussi « sans gluten » et des « écolos bios » fabriqués en latex naturel, sans glycérine, parabens, ou produits dérivés du pétrole.

Bon à savoir

Attention au latex : un certain nombre de femmes et d'hommes sont allergiques à cette matière extraite de la sève de l'arbre à caoutchouc tropical, l'*Hevea brasiliensis*. Démangeaisons, irritations... Si cela vous arrive, pas question une seconde d'abandonner la capote et de ne pas se protéger. Il existe désormais des préservatifs SANS LATEX.

Les alternatives naturelles

Au supermarché

Crystal (Manix) : préservatif hypoallergénique en latex déprotéinisé, c'est-à-dire pauvre en protéines de latex naturel, ce qui minimise les risques d'allergie.
Femidom (Terpan) : le préservatif féminin est une gaine à base de polyuréthane et ne contient pas de latex.
Avanti, **Real Feel** ou **natural feeling** (Durex) : à la place du latex, un type de polyuréthane : le duron. Plus résistant que le latex, transparent, sans odeur et extra-fin (0,045 mm).
Les préservatifs **Skyn** ou **Suprême** (Manix) : des préservatifs en Sensoprene.

Sites Internet et réseaux spécialisés

Les préservatifs **EDEN** du laboratoire Majorelle (remboursés par la Sécurité sociale depuis 2018 sur présentation d'une prescription d'un médecin ou d'une sage-femme).

Les lubrifiants

La lubrification naturelle du vagin, c'est encore ce qui se fait de plus… naturel ! Elle se produit notamment grâce à la flore vaginale. Évitez donc les douches vaginales qui pourraient la dérégler ! Vous pouvez par contre utiliser des gélules vaginales hydratantes (sauf contre-indication de votre médecin).

Coup de cœur

Gynophilus capsules vaginales, laboratoire BESINS (car elles ne contiennent pas d'hormones).

Certaines femmes utilisent aussi de l'huile de coco (bonjour l'empreinte carbone !) ou de l'aloe vera comme lubrifiant. D'autres ne les tolèrent pas du tout et vont dérégler leur flore vaginale. Et attention, certaines huiles peuvent abîmer le latex et rendre les préservatifs poreux. Dans le doute, on oublie !

Bon à savoir

Et les huiles essentielles comme lubrifiant ? Alerte rouge ! Non, on ne les utilise pas : risques de brûlures, d'allergies, etc.

La contraception

La pilule et le stérilet hormonal contiennent des hormones. Non, ce n'est pas anodin pour le corps. Prenez le temps d'en parler avec votre gynécologue et avec votre partenaire.
Le stérilet en cuivre, lui, est mécanique : il n'aurait aucun impact sur le cycle menstruel à part peut-être amplifier l'abondance et la durée des règles. Et on peut tout à fait s'en faire poser un avant d'être enceinte !

Les spermicides : très très chimiques, mais d'après les gynécologues interrogés, fiables à 99 %, comme la pilule. Ils se présentent sous forme d'ovules, de canules ou d'éponges.
Enfin, les méthodes « sans rien » (la méthode Ogino qui repose sur le calcul des cycles et des « jours fertiles » pour pratiquer « l'abstinence périodique », la méthode Billings avec l'observation de la glaire cervicale [sécrétion du col de l'utérus], celle des températures, celle du retrait avant l'éjaculation, etc.) sont peut-être les plus naturelles, mais elles ne protègent aucunement des MST, seulement de la grossesse… et même pour cela, ce n'est vraiment pas fiable !
Bref, en ce qui concerne la contraception et la prévention, réfléchissez bien avant d'opter pour le 100 % « naturel » !

Sexe et allergies, avec l'aide du Dr Sophie Silcret-Grieu, allergologue attachée à l'hôpital Trousseau (AP-HP), à Paris

- C'est très rare mais certaines femmes peuvent déclencher une allergie au sperme (au liquide séminal dans lequel baignent les spermatozoïdes).
- Au latex. (Voir plus haut, p. 126, « le préservatif ».)
- Au frottement. La réaction est purement mécanique et elle n'est pas forcément liée au préservatif. Il s'agit d'urticaire vulvaire dû au frottement.
- L'allergie alimentaire : si vous êtes allergique à la cacahuète, votre compagne/compagnon ne doit évidemment pas en manger une avant de vous embrasser !

LA BEAUTÉ

Tout ce qu'il faut pour être naturellement beau !

Les cosmétiques bios, une habitude nouvelle !

Utiliser des cosmétiques bios, c'est un autre monde dont il faut connaître les codes. Petit précis de ce qui vous attend si vous êtes nouveau dans le quartier !

- Les produits n'ont souvent pas d'odeur, car ils n'ont pas de parfums allergisants, et c'est un progrès.
- Les gels douche bios moussent moins et les shampoings bios ne laissent pas toujours un effet soyeux au toucher sous la douche.
- Les packagings qu'on aimait tant dans l'industrie conventionnelle sont au top dans le bio et même parfois encore plus beaux et délicats ! Pour vous faire plaisir ou pour offrir, mention spéciale à Apicia, Polenia, Océopin et Lift'Argan.
- Avec le bio, les produits contiennent peu de conservateurs donc entamés, ils se gardent moins longtemps : 3 mois en moyenne. Voyez le bon côté des choses, vous n'avez qu'une crème hydratante et c'est pour 3 mois, idem pour les autres cosmétiques.

Moins c'est mieux !

LE VISAGE

Votre visage est l'espace du corps sur lequel vous déposez le plus de cosmétiques : en moyenne 10. Un vrai bar à cocktails empoisonnés ! Les composants nocifs que l'on trouve le plus dans le maquillage sont les perturbateurs endocriniens (toujours eux !) et les sels minéraux et plastiques qui bouchent les pores de la peau.

Le maquillage

- Le mascara, c'est 10 à 20 ingrédients pour que la couleur tienne sur vos cils et pour créer de l'épaisseur. Toujours les mêmes : tensioactifs, silicones, et les terribles perturbateurs endocriniens. Je trouve que les mascaras bios tiennent moins longtemps, mais ça permet d'échapper à un sacré cocktail toxique.

★ L'ombre à paupières : autant vous le dire... on trouve très peu d'informations sur leur composition. Mais on sait qu'il y a, comme dans les autres cosmétiques, des silicones et des conservateurs perturbateurs endocriniens. Par principe de précaution, on vous propose un choix de marques dont on connaît la composition et dont on peut témoigner de la qualité.

★ Le fond de teint / BB et CC crème : ces produits contiennent pêle-mêle conservateurs perturbateurs endocriniens, sels d'aluminium, filtres UV chimique, silicone, plastiques...

★ Les rouges à lèvres dont on mange la moitié dans la journée... peuvent contenir : des cires synthétiques pour épaissir le produit, des huiles minérales, dont la paraffine, issues de la pétrochimie, des conservateurs, des silicones, du plomb, de l'aluminium, du chrome, du cadmium et autres métaux toxiques...

Les alternatives naturelles

Au supermarché

• Le fond de teint / BB et CC crème
So'Bio étic BB cream 5 en 1 / CC cream 01 teint naturel

Sur les sites et dans les réseaux spécialisés

• Le mascara :
Lavera, mascara volume noir, 9 ml
Benecos, mascara multi-effets naturel, 8 ml
Avène Couvrance mascara haute tolérance noir, 7 ml
• L'ombre à paupières :
Boho Green Gypsy, Palette Bohemian Artist, palette de 8 fards à paupières mats et nacrés
Lavera, grande collection de fards à paupières de très bonne qualité
Avril, fard à paupières, 2,5 g
• Le blush et les poudres :
Lavera : large choix
Avril : large choix, dont Avril highlighter certifié bio, 8,5 g
Apicia, blush crème, pollen, 20 ml

- Le fond de teint / BB et CC crème :

Polenia, crème teintée au miel, 50 ml
Jonzac, BB crème peau parfaite teinte médium, 40 ml
Acorelle, baume solaire 30SPF, 30 ml (pour le printemps et l'été)

- Le rouge à lèvres :

Lavera, rouge à lèvres, 4,5 g

Notre petite entorse

Nous, on est obligées de se maquiller, notamment pour notre métier, mais en vrai, on adore ça... Malgré ce que l'on sait sur les produits, nous ne sommes pas prêtes à renoncer à ce plaisir !

Le démaquillant

J'étais si fière de jeter mon lait démaquillant pour le remplacer par une eau micellaire. Désenchantement... elles contiennent des micelles, qui sont tout simplement des tensioactifs. Issus de la pétrochimie, ces derniers assèchent et décapent la peau.
Soit vous rincez votre eau micellaire après utilisation avec de l'eau thermale (Avène, Uriage), soit vous utilisez le démaquillant le plus naturel qui soit : l'huile végétale. On vous propose celle de jojoba, à choisir de préférence vierge, pressée à froid et bio. Déposez-en une noisette dans votre main et appliquez-la en petits cercles sur tout le visage, puis rincez à l'eau tiède et séchez avec une serviette propre. Plus besoin de cotons ! Avantage, votre peau est démaquillée et hydratée : vous pouvez même sauter l'étape crème de nuit avant de dormir ! (Évitez les yeux, ça pique !)

Bon à savoir

Si vous aviez l'habitude de passer de l'eau micellaire sur votre visage le matin, remplacez-la par de l'eau florale de rose ou de verveine ! Éclat et hydratation assurés. Ou même une simple brumisation d'eau thermale qui aura, en plus, un effet décongestionnant immédiat. Mon astuce : je place ma bombe au réfrigérateur !
Si vous tenez aux cotons, utilisez les ***cotopads*** (la marque Stérilux est sans chlore et économique), c'est bien moins cher

que les paquets de cotons démaquillants qu'on vous vend au supermarché et ailleurs.
Et les réutilisables ? Le bambou c'est tout doux, c'est hyper efficace avec un peu d'eau florale, mais on trouve que ça se salit vite. Il faut les passer au lave-linge toutes les semaines et on finit par les jeter... Pas sûr que ce soit si bien que ça pour l'environnement !

Les alternatives naturelles

Sur les sites et dans les réseaux spécialisés

Emma, 10 carrés démaquillants lavables coton bio biface
Anaé, 4 mini gants à démaquiller lavables

LES MAINS / LES PIEDS

Vernis et dissolvant

Libérez le vernis ! Libérez le vernis ! Pourquoi voit-on soudainement apparaître sur les packagings de nos vernis chéris : « Free3 », « Free4 », « Free7 »... C'est en réalité une information sur leur composition : il s'agit du nombre de produits nocifs dont on les a débarrassés. Forcément quand on lit ça, on veut le top, c'est-à-dire le « Free10 » !

L'avis du Dr Anny Cohen-Letessier, dermatolgue

« Il n'est pas bon d'asphyxier ses ongles avec du vernis en permanence ! Mettez-en quelques jours ou pour une soirée, puis gardez les ongles nus mais soignés et hydratés. »

Pour les femmes enceintes, on s'en passe pendant 9 mois, c'est l'idéal. À savoir aussi, ces vernis ont parfois une tenue moins longue que les « pas free » !!
Et le dissolvant ? Sans surprise, un vrai cocktail de produits chimiques qui nous déshydratent les ongles. Par précaution,

utilisez un dissolvant sans acétone, avec un minimum de parfum et de colorants. Et lavez-vous immédiatement les mains et les pieds après l'avoir passé.

Bon à savoir
Si vous êtes adepte des salons de manucure/pédicure, apportez votre propre matériel ! Ou tout simplement n'y allez pas... Ma formidable pédicure-podologue déconseille la fréquentation de ces nids à microbes.

Les alternatives naturelles

Au supermarché

• Vernis :
Monop make up
• Dissolvant :
Monoprix sans acétone extrait d'avocat, 100 ml

Sur les sites et dans les réseaux spécialisés

• Vernis :
Kure
Logona

Coup de cœur

Boho, toute la gamme, le meilleur rapport qualité / tenue

• Dissolvant :
Santé Naturekosmétik, 100 ml
Avril dissolvant sans acétone, 75 ml

À faire soi-même

Le vernis maison ? **Aroma-Zone** le propose, pourquoi ne pas essayer ? Attention quand même car la teinture naturelle des vernis peut traverser l'ongle, le pigmenter et le griser (tout dépend de la santé de vos ongles).

LE CORPS

Gommages et masques

Si on écoute les conseils beauté des magazines, il faudrait se gommer et s'exfolier chaque semaine. En avons-nous vraiment besoin ? Est-ce que ça ne fragilise pas plus la peau que ça ne la régénère ?

L'avis du Dr Annick Barbaud, dermatologue et chef de service à l'hôpital Tenon à Paris

« Si vous voulez, un masque une fois par semaine. Je conseille en revanche d'y aller doucement sur l'exfoliant. Attention aux gommages avec des noyaux d'abricot, cela est trop irritant pour les peaux atopiques. »

Jusqu'en 2017, la plupart des gommages visage et corps contenaient des microbilles en plastique. Elles sont interdites depuis le 1er janvier 2018. Pour les remplacer, les industriels utilisent du sable ou de la coque de noix.

Les alternatives naturelles

Au supermarché

Pulpe de vie, masque et gommage au pamplemousse bio, 75 ml

Sur les sites et dans les réseaux spécialisés

Jonzac, gommage douceur visage, 75 ml
Aroma-Zone, le savon noir à l'eucalyptus bio visage et corps

À faire soi-même

Exemple de gommage maison pour peau mixte : une cuillère à café de miel + une cuillère à café de sucre + 10 gouttes de jus de citron bio. Massez délicatement votre visage.
Pour les peaux sensibles : une cuillère à soupe de marc de café + une cuillère à soupe d'huile nourrissante (amande douce). En plus grande quantité pour le corps !

Des applis gratuites pour bien acheter

- **INCI beauty** : l'incontournable ! Elle vous donne produit par produit la composition détaillée avec les bons et les mauvais ingrédients et vous indique même où acheter vos cosmétiques. De plus, elle a un scanner de code-barres qui vous permet de découvrir ce que contient un produit rencontré au supermarché.
- **Yuka** : application très complète puisqu'elle associe alimentation et cosmétiques/hygiène. Facile à utiliser. Elle est collaborative puisque vous pouvez ajouter dans l'application les produits que Yuka ne reconnaît pas encore pour l'enrichir !
- **Clean beauty** : une utilisation simple, un scanner pratique qui analyse non pas un code-barres, mais la liste INCI des ingrédients, des infos claires sur les ingrédients controversés. À savoir, l'appli est créée par le labo Officinea qui propose des cosmétiques naturels.
- **QuelCosmetic** : appli lancée par UFC-Que choisir. Ici un scanner mais aussi un menu déroulant, qui présente les cosmétiques par catégorie. Dans chacune d'elles, deux onglets pour les produits à risque et les produits sans risque.

Colorations pour cheveux

La préparation chimique appliquée par le coiffeur amaigrit et assèche le cheveu. Elle est aussi très allergisante : on vous conseille de faire un test au pli du coude et d'attendre 24 à 48 heures pour voir la réaction. D'ailleurs, les colorations chimiques sont déconseillées dans les trois premiers mois de la grossesse, et plutôt à éviter ensuite. Les mèches seraient (gros conditionnel) moins nocives parce que le produit ne touche pas le cuir chevelu. L'allergène numéro 1 dans ces colorations c'est le « paraphénylènediamine »... n'hésitez pas

à demander à votre coiffeur un produit sans cet ingrédient (c'est un défi car il est très commun !).
Les colorations végétales sont plus douces, à base d'argile mêlée à du karité ou des huiles végétales (argan, macadamia, jojoba). Le tout s'acoquine au cheveu et le colle. La coloration enrobe, gaine et nourrit la fibre capillaire. Petit bémol, elle réclame plus de temps de pose et ne permet pas d'éclaircir votre chevelure ni de la mécher. Brunettes, ne rêvez pas de devenir une blonde végétale !

Bon à savoir

Faites votre couleur sur cheveux sales : l'excès de sébum en racines protège votre cuir chevelu !

Les alternatives naturelles

À faire chez soi

Pour raviver la couleur, donner des reflets, couvrir les cheveux blancs :
Aroma-Zone, coloration végétale au henné bio blond/châtain naturel/cuivré, 100 % plantes, sans PPD, acide picramique, sels métalliques
Centifolia, poudre 100 % pure et sans additifs (grand choix de reflets)
Garnier Color Herbalia, 10 nuances : trois blonds, un cuivré et six châtains

En salon

Dans de nombreuses villes, il existe des salons de coiffure qui utilisent des colorations végétales. L'Oréal a commencé à développer une gamme pour les salons de coiffure traditionnels. Renseignez-vous sur Internet !
www.moncoiffeur.bio
www.biocoiff.com
www.biobela.com

L'avis du Dr Sophie Silcret-Grieu, allergologue attachée à l'hôpital Trousseau (AP-HP), à Paris

« Attention à la mode du tatouage dit "au henné" réalisé surtout dans les pays méditerranéens. Il faut savoir que ce tatouage n'est pas du tout au henné et qu'il contient une forte concentration de paraphénylènediamine (même molécule que la teinture pour les cheveux !) à des concentrations élevées interdites en France. C'est une source d'allergies très importante. Une fois que l'on est sensibilisé à la paraphénylènediamine, plus question de se faire une coloration capillaire. »

Les parfums et eaux de toilette

Si vous utilisez de l'eau de toilette, sachez que les industriels ne sont pas tenus de donner la liste exhaustive des ingrédients (secret de fabrication oblige), mais soyez sûr qu'ils contiennent de nombreux produits de synthèse. Si vous avez une peau atopique (prédisposition génétique à développer une allergie), pulvérisez le parfum sur vos vêtements. L'une de nous ne porte JAMAIS ni parfum ni eau de toilette… L'autre porte le même depuis plus de 30 ans sans pouvoir s'en passer… Et vous ?

Les alternatives naturelles

Sur les sites et dans les réseaux spécialisés

Acorelle, Eau de toilette, Jasmin troublant, 50 ml
Acorelle, Brume parfumée absolu fruits bio 100 ml
Acorelle, Eau de parfum roll on absolu Tiaré bio, 10 ml
Pur Eden, eau de Cologne, 100 % naturelle bio, Cédrat, 250 ml
Nu Green, Eau de toilette, 50 ml

Zéro déchet !

En général quand on consomme bio ou végétal, c'est pour prendre soin de sa santé, mais aussi de l'environnement. Si vous avez déjà opté pour quelques-uns de nos conseils, vous avez déjà agi pour la planète : car en vous lavant, vous démaquillant, vous gommant, ce n'est pas du pétrole que vous envoyez dans les nappes phréatiques mais du végétal.
Quelques idées données par le site *ecoconso.be* :

- Optez pour le minimalisme. On choisit quelques basiques bien adaptés à sa peau et on évite d'accumuler un tas de flacons inutiles dans ses armoires.
- Refusez les échantillons inutiles ! Et les sachets : mettez tout ce que vous pouvez dans votre sac. Moi, j'ai toujours un grand sac en tissu plié dans mon sac à main. Si je fais des achats dans la journée, je le déplie et je refuse tous les sacs que l'on me propose !
- Remplacez les produits jetables par des réutilisables (lingettes démaquillantes coton, coupelle menstruelle, lime à ongles en verre) ou rechargeables (rasoir, brosse à dents).
- Choisissez des cosmétiques sous forme solide (savon, déo, dentifrice...). Si vous tenez à vos gels douche ou shampoings liquides ? Préférez des grands conditionnements.
- Fabriquez vos cosmétiques... mais pas tout seul, avec l'aide d'ateliers ou de guides reconnus.
- Pour les plus motivés d'entre vous, cherchez un magasin de vrac qui permet de recharger les flacons !

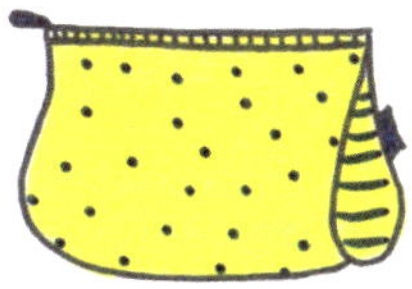

Épilation

Le rasage

Optez pour un rasoir démontable en inox : c'est le plus écolo, vous devrez seulement changer les lames usées, mais le garderez à vie !
Après le rasage, pas de crèmes parfumées au risque d'irriter votre peau encore plus. Passez une crème douce : chez **Amanprana**, il existe une bonne huile adaptée. Vous pouvez aussi choisir une huile d'amande douce ou de calendula.

La cire

Si elle est plus onéreuse que le rasoir, elle a l'air tout aussi « naturelle ». Or toutes les cires ne le sont pas. Si vous vous faites épiler en institut, demandez à votre esthéticienne si sa cire est sans colophane et sans parfum. Si vous voulez vous épiler vous-même, vous pouvez choisir **Acorelle**, l'une des seules marques bios à le proposer.
www.acorelle.fr

Coup de cœur

Acorelle bandes dépilatoires cire à froid bio
Vérifiez sur l'intérieur de votre poignet par exemple, que la bande ne déclenche pas une allergie. Ne mettez rien sur votre peau avant de vous épiler, ne vous exposez pas au soleil dans les heures qui précèdent et dans les 48 qui suivent, et bien entendu, aucun alcool (eau de toilette, déodorant...) sur la zone après épilation.

L'épilateur électrique

Nous, on adore... pas. La principale raison ? Cela favorise les poils incarnés (horreur). Par ailleurs, on n'a pas la maîtrise totale de l'arrachage du poil... Souvent il est davantage « cassé » qu'arraché. Du coup : mauvaise repousse (horreur bis) !

> ***Bon à savoir***
> Les gommages et l'utilisation de gants de crin limiteront les poils incarnés. Mais le plus important reste de bien hydrater sa peau, car lorsque vous assouplissez votre peau, le poil sort plus facilement.

Les crèmes dépilatoires

Question : si on vous parle d'une crème capable de « détruire » le poil en quelques dizaines de secondes... pensez-vous que cela puisse être naturel ? Ce sont des produits ultra-agressifs qui contiennent un dérivé soufré destiné à dissoudre la racine du poil. Sans parler des allergies... On oublie !

Que penser des crèmes anti-repousse ?

Ben justement on n'y pense surtout pas ! Par définition, il est naturel qu'un poil repousse. Et tant mieux ! Une crème qui empêche le poil de repousser... Ça fait très peur !

Le caramel ou épilation au sucre ou à l'orientale

Un mélange d'eau, de sucre et de citron : c'est la méthode d'épilation la plus naturelle. Il est un peu « 2 en 1 », car il permet un micro-gommage pour éviter une repousse sous la peau et les poils incarnés. Le citron est un antiseptique. Il permet aussi une repousse plus lente et moins drue. Mais attention, c'est un art ! On ne vous conseille pas de vous lancer seule chez vous avec votre casserole.

Le point honnêteté : oui, l'épilation au caramel fait un mal de chien. MAIS on aime son parfum, sa couleur or et son côté 100 % écolo. Pour les bonnes adresses, le bouche-à-oreille est toujours une valeur sûre. Sinon, commencez par prendre rendez-vous seulement pour les demi-jambes – zone moins sensible pour débuter que le maillot ou les aisselles.
La Sultane de Saba propose des épilations au caramel avec une recette 100 % naturelle.

Coup de cœur
www.lasultanedesaba.com

Coup de cœur
Pour une utilisation chez soi : La cire orientale bio **Allo Nature**, certifiée Ecocert, labélisée.
Cosmébio, alliance de sucre, d'eau et de citron.

L'épilation au fil

C'est une méthode ancestrale, née en Inde. C'est aujourd'hui une méthode phare de la beauté occidentale. Emprisonnés entre deux fils, les poils sont arrachés avec leurs bulbes. Cela permet une précision extrême pour obtenir de beaux sourcils. (Très peu de poils incarnés, peu de risques de casser le poil...) Heu... Ne tentez pas de le faire vous-même ! En institut uniquement.

Laser

Pas vraiment naturel de se débarrasser pour toujours de ses poils... si ?
Nos poils ne sont pas là par hasard. Ils servent à protéger du froid, de la chaleur, des ultraviolets, à maintenir une certaine hydratation à notre peau et à capter les odeurs. En plus, l'épilation laser, c'est un budget : comptez 200 euros la séance. Nous ? On l'a pas fait et on le fera pas.

Bon à savoir

S'épiler les poils du nez ? NON !!! Ils filtrent l'air, le réchauffent et l'humidifient avant son passage dans les voies respiratoires. Sans eux, vous augmentez le risque d'infections : furoncle (miam), ostéite (inflammation de l'os), staphylocoque doré (bactérie ultra-pathogène). Si un poil de nez vous gêne, la meilleure option reste de le couper aux ciseaux, à l'entrée de la narine.

Conseil de gynécologue…

Pour certaines femmes, l'épilation du pubis favorise des infections cutanées comme les folliculites (infection de l'appareil pilo-sébacé – c'est-à-dire le poil et sa racine). Dans ce cas, on déconseille le rasage.

LE COIN D'ÉTIENNE

Quelques marques bios de qualité pour hommes :
www.lavera.de/fr
http://eauthermalejonzac.com
www.naturado-cosmetic.com
https://fr.florame.com

Les alternatives naturelles

Sur les sites et dans les réseaux spécialisés

• Mousse à raser :
Naturado Men for bio, mousse à raser, Tamaru de Tahiti et acide hyaluronique 150 ml
Lavera, men sensitiv, 150 ml
• Après-rasage :
Jonzac For Men, baume apaisant après-rasage 50 ml
• Crème hydratante :
Lavera, men sensitiv, 30 ml
Jonzac For Men soin 3 en 1 50 ml
Florame, soin hydratant bonne mine, 50 ml

• Sérum :
Naturado Men for bio sérum tonique Tamaru de Tahiti et acide hyaluronique 50 ml
• Déodorant :
Florame, spray, 100 ml

En ligne pour en savoir plus

www.aroma-zone.com
https://bioflore.be/fr
www.compagnie-des-sens.fr
www.moe-nature.fr
www.daliane-escalane.com
www.slow-cosmetique.com
www.pranarom.com/fr
www.ladrome.bio
https://lacabanedepescalune.fr
www.abellie.fr
www.apicia.fr
www.avril-beaute.fr
www.bcombio.fr
www.bio-secure.fr
www.bohocosmetics.com/fr
www.coslys.fr
www.lavera.de/fr
www.omum.fr/content/category/9-marque
http://leanature.com
http://sobio-etic.com
www.emmanoel.fr
www.weleda.fr
www.labogravier.com
www.pulpedevie.com
www.floressance.com
http://eauthermalejonzac.com
www.naturado-cosmetic.com
https://fr.florame.com
www.lovebeautyandplanet.com

Eh ben dis donc !
« Le pouvoir des plantes », c'est pas une métaphore !
BOUM !!
HUILES ESSENTIELLES
FABRIQUER SES COSMÉTIQUES

CHAPITRE 3
Toc-Toc

Sidonie :

Merci à ma Brunette Marie de m'entraîner dans ces géniales aventures de partage !
Merci à nos éditrices patientes et brillantes, Sophie de Closets et Alexandrine Duhin, pour leurs conseils, leur lecture et leur humour.
Merci à Charlotte Leloup et Manon Malais pour leur aide précieuse.
Merci à mes grands-parents et parents qui m'ont donné le goût du naturel, du bon et du simple.
Merci à mon adorable mari Jérôme d'accepter tous mes essais, mes revirements et mes décisions naturelles !
Merci à mes enfants qui me poussent sans le savoir à être meilleure chaque jour.

Marie :

Merci à toi, Sidonie, ma si chère Blondie. Encore une merveilleuse aventure ensemble !
Merci à Sophie de Closets et Alexandrine Duhin pour leur confiance renouvelée. Quelle chance et quelle joie de vous avoir à nos côtés.
Merci à Charlotte Leloup pour sa précieuse collaboration dans la rédaction de cet ouvrage et, plus encore, pour son amitié fidèle.
Merci à Manon Malais pour la brillante reprise en main de notre manuscrit.
Merci à Claude-Sophie Antoine, rencontre essentielle, pour son amitié et son délicat respect de ma liberté.

ALLEZ, ON RENTRE À LA MAISON !

Quand l'ennemi vient de l'intérieur...
Notre maison, notre havre, notre refuge. Il ne peut rien nous arriver, on a généralement tout choisi, les meubles, la peinture, le parquet, les objets, les ustensiles, la lessive, les films d'emballage... Et pourtant, c'est l'un des lieux où nous sommes le plus exposés aux polluants tels que les COV, les composés organiques volatils, qui peuvent provoquer des allergies, des problèmes respiratoires, des irritations de la peau, des muqueuses et du système pulmonaire. On continue ? Des nausées, des maux de tête et des vomissements. Leurs noms ? Formaldéhyde, benzène, hydrocarbures aromatiques polycycliques, phtalates. Quelques composés, comme par exemple le benzène ou le chlorure de vinyle monomère, sont associés à des leucémies ou à des cancers (dans le cas d'exposition professionnelle). D'autres pourraient porter atteinte à la fonction de reproduction.

Les COV, c'est quoi ?

Voici la parfaite définition du site de l'Observatoire de la qualité de l'air intérieur (*http://www.oqai.fr*) :
« C'est un ensemble de composés appartenant à différentes familles chimiques. Les COV sont largement utilisés dans la fabrication de nombreux produits, matériaux d'aménagement et de décoration : peintures, vernis, colles, nettoyants, bois agglomérés, moquettes, tissus neufs. Ils sont également émis par le tabagisme et par les activités d'entretien et de bricolage. Leur point commun est de s'évaporer plus ou moins rapidement à la température ambiante et de se retrouver ainsi dans l'air. Les COV sont souvent plus nombreux et plus concentrés à l'intérieur qu'à l'extérieur compte tenu de la multiplicité des sources intérieures. »

Et il n'y a pas que les COV ! Voici d'autres polluants intérieurs : les moisissures d'un lieu mal aéré, les acariens qui peuplent les poussières de la maison, les lits et les coussins, les résidus de la fumée de tabac aussi, les émanations des produits d'entretien et celles des appareils à combustion. Sans oublier la pollution extérieure (liée aux particules fines que dégagent nos véhicules) qui s'invite par nos fenêtres quand on les laisse trop longtemps grandes ouvertes.
Notre job n'est pas de vous alarmer mais de constater, vous informer et surtout vous donner toutes les options et les meilleurs conseils possibles pour retrouver un intérieur sain... Intérieur dans lequel nous passons au minimum 12 heures sur 24 !

Nos règles d'or

1) Je remplace tous mes produits ménagers toxiques par du bicarbonate de soude, du vinaigre blanc et du savon noir naturel.
2) Je télécharge le guide du ménage naturel, complètement gratuit : *http://raffa.grandmenage.info/public/pdf/version-ecran-prud.pdf*
3) J'aère régulièrement mon chez-moi, au moins 10 minutes le matin et 10 minutes le soir !
4) Je choisis un aspirateur équipé d'un bon filtre (HEPA de niveau 13).
5) Pour me prémunir contre les acariens : je ne chauffe pas à plus de 19 °C (en prime, je consomme moins et c'est mieux pour la planète), j'aspire mon matelas tous les mois, je change et nettoie mes draps à 60 degrés toutes les semaines.
6) Je lave tous les vêtements neufs avant de les porter.
7) Je retire mes chaussures en entrant (et c'est valable pour tout le monde !).

Composition et mise en pages
Nord Compo à Villeneuve-d'Ascq

Achevé d'imprimer en Espagne en septembre 2019
Imprimé par Graficas Estella numero d'imprimeur 19/3110
75-1751-0/01
Dépôt légal : novembre 2019

Marc Mascetti, producteur (maraîchage et arboriculture) dans l'Essonne.
Alexis Muñoz, producteur d'huile d'olive à Lyon.
Kahina Oussedik-Ferhi, Docteur en biochimie moléculaire et alimentaire (créatrice de programmes « nutriments et alimentation sur mesure »), directrice associée du cabinet Libre Forme 8.
Le Dr Laurence Plumey, médecin nutritionniste, praticien des Hôpitaux de Paris IDF (Necker, Antoine Béclère), professeur de nutrition à l'École de diététique de Paris, Fondatrice de l'Organisme de Formation EPM NUTRITION.
Le Dr Sophie Silcret-Grieu, allergologue attachée à l'hôpital Trousseau (AP-HP), à Paris.
Valérie Solvit, spécialiste de l'artisanat dans le monde de l'alimentation.
Sylvie Weil, esthéticienne.

Avant de devoir rentrer chez soi comme à Tchernobyl :

LES PRODUITS MÉNAGERS

On commence par une question : avez-vous envie de réduire votre facture « produits ménagers » par 5 et de multiplier la préservation de votre santé par 10 ? Si oui, lisez ce chapitre (sinon... lisez quand même, vous changerez sans doute d'avis !).
L'utilisation régulière des produits ménagers génère un cocktail toxique que vous inhalez et que vous faites respirer à vos enfants. Pêle-mêle, on y trouve des agents blanchissants, des parabens, des conservateurs, des parfums de synthèse.

Alternatives naturelles

Au supermarché
La marque : Biovie

Sur les sites et dans les réseaux spécialisés
Les marques : l'Arbre vert, Ecodoo, Ecovert

La liste noire des toxiques

- **l'acide hydro-chlorique ou chlorhydrique,** un corrosif utilisé dans les produits détartrants et décapants. Il irrite la peau et le système respiratoire.
- **les ammoniums quaternaires** (comme le chlorure de benzalkonium) utilisés dans les détergents et désinfectants. Ils sont allergisants et irritants.
- **le butoxyéthanol** : irritant, cancérigène suspecté.
- **les éthoxylates d'alkylphénol, l'hydroxyde de sodium (soude caustique)** : irritants.
- **l'hypochlorite de soude** : irrite la peau et le système respiratoire.
- **le peroxyde d'hydrogène** : irritant.
- **les isothiazolinones** (l'éthylisothiazolinone) : très allergisants.
- **la méthylchloroisothiazolinone (MCI)** : conservateur très allergisant.
- **la méthylisothiazolinone (MIT)** : conservateur très allergisant.
- **le sodium hydroxyde (soude)** : irritant.
- **le phénoxyéthanol** : allergisant, risque de toxicité pour le fœtus.

Et vous savez quoi, on n'a pas tout mis !

À faire soi-même

C'est notre recommandation et notre pratique quotidienne (simple et pas chère). Vous avez besoin de trois produits 100 % naturels (et d'une microfibre) pour entretenir toute la maison : le bicarbonate de soude, le vinaigre d'alcool et le savon noir naturel... Et si vous êtes sage, on vous propose des huiles essentielles pour leur effet parfumant et antibactérien. Gros plan sur ces produits.

LE BICARBONATE DE SOUDE

C'est une poudre minérale blanche 100 % naturelle. Elle provient essentiellement de l'évaporation des lacs salés, riches en sodium, de gisements de natron ou plus récemment de sel et de craie. Ses avantages : il n'a ni odeurs ni conservateurs, n'est ni allergisant ni toxique, est biodégradable, pas cher.
Ses fonctions :

★ Pour désodoriser

• Dans un petit pot placé dans le réfrigérateur ou dans un tiroir, il absorbe les odeurs.
• Quelques cuillères à soupe au fond de la poubelle.

★ Pour nettoyer et assainir

• Pour nettoyer les moisissures (joints...), une cuisine ou une salle de bains : 1 cuillère à soupe dans 1 litre d'eau chaude. On pulvérise le tout.
• Pour nettoyer les sols, les terrasses, les rebords de fenêtre : soit en pâte soit en dilution, 1 à 4 cuillères à soupe par litre d'eau chaude.

★ Pour détacher et dégraisser

• 2 cuillères à soupe de bicarbonate de soude avec de l'eau, le tout porté à ébullition.
• Pour nettoyer des plats à gâteaux ou des récipients en plastique qui ont tendance à rester gras, plongez-les plusieurs heures dans 1 litre d'eau mélangé de 2 cuillères à soupe. Ensuite frottez avec une éponge et rincez.
• Pour nettoyer le four, les plaques de cuisson, les plaques de barbecue. Si les taches sont tenaces : utilisez-le en pâte avec un peu d'eau.

Où l'acheter

Supermarché, droguerie.

En ligne

www.compagnie-bicarbonate.com

Bon à savoir

Attention, prenez bien le bicarbonate de soude technique et non alimentaire. Ça coûte environ 3 euros les 500 grammes. On l'achète par sac de 2 ou 3 kg, ça part vite.

LE VINAIGRE BLANC

Aussi appelé vinaigre d'alcool ou vinaigre cristal. Fabriqué industriellement, il est obtenu par acétification d'alcool de betterave ou de maïs (transformation de l'éthanol en acide acétique).
Ses avantages : non toxique, 100 % biodégradable, incolore et une odeur qui s'évapore en quelques minutes. Il coûte 5 fois moins cher qu'un produit ménager traditionnel. Il a une action antimicrobienne et peut remplacer l'eau de Javel.
Ses fonctions :

Pour nettoyer

- Les plans de travail, les lavabos, l'intérieur du réfrigérateur, les plaques vitrocéramiques ou à induction et les gazinières, en pulvérisant du vinaigre directement dessus. Je le verse dans un joli pulvérisateur que je laisse sur le rebord de l'évier, et que j'utilise à la demande ! Chaud, il est encore plus efficace.
- Un coup sur les vitres et les miroirs, en le mélangeant pour moitié à de l'eau chaude.
- Pour le micro-ondes, remplissez un petit bol d'eau et de vinaigre puis faites-le chauffer jusqu'à ébullition. Laissez la vapeur d'eau agir quelques heures.
- Frottez les traces de colle avec un peu de vinaigre et laissez agir quelques minutes, ça part ! Plus besoin de dissolvant qui vous empoisonne et une fois sur deux emporte la moitié de la couleur de votre objet !

Pour désodoriser

- Vous pouvez vaporiser du vinaigre dans vos toilettes ou dans le réfrigérateur.

• Versez régulièrement des rasades de vinaigre blanc dans les canalisations des éviers et lavabos. Cela entretient la tuyauterie et empêche les odeurs désagréables de remonter !

Pour détartrer

• Pour débarrasser votre bouilloire, votre cafetière et vos casseroles du calcaire, faites bouillir de l'eau et du vinaigre blanc à parts égales. Puis rincez plusieurs fois.

• Pour le fer à repasser tout entartré qui fait de jolies traces jaunes sur vos vêtements, passez un chiffon imbibé de vinaigre sur la semelle du fer et laissez agir. Et si vraiment ça ne suffit pas, remplissez le réservoir de vinaigre pur et faites-le chauffer, videz et rincez.

• Pour détartrer le pommeau de douche. Remplissez un sac congélation de vinaigre, introduisez le pommeau dedans, fermez-le avec un élastique et laissez tremper 1 heure. Un petit coup de chiffon pour enlever le reste de calcaire et le tour est joué.

• Pour dissoudre le calcaire des joints de la salle de bains, faites couler ou pulvérisez du vinaigre que vous aurez fait bouillir et laissez agir au minimum 20 minutes. Rincez.

• Pour détartrer le lave-vaisselle et le lave-linge, vous pouvez les faire tourner à vide avec ½ litre de vinaigre.

Pour faire briller

• La robinetterie, l'inox du réfrigérateur, de la machine à café, du grille-pain... Pulvérisez le vinaigre dessus. Essuyez avec un chiffon microfibre ou de l'essuie-tout (moins écolo, plus onéreux). Si c'est vraiment trop sale, frottez avec une brosse à dents usagée ou une brosse à poils doux.

• La vaisselle en versant un peu de vinaigre dans la dernière eau de rinçage.

Pour l'acheter

Supermarché (le moins cher... souvent moins de 1 euro dans les rayons des vinaigres et huiles, tout en bas), droguerie, réseaux et sites spécialisés.

Bon à savoir

• Dès que vous en voyez au supermarché, faites le plein, car c'est devenu tellement à la mode qu'il y a parfois pénurie. Et vous verrez que vous allez tellement l'utiliser (enfin, si vous nous faites confiance) que vous n'aurez pas assez de plusieurs litres par mois !

• Attention, ne faites surtout pas comme moi ! J'ai, par mégarde, détartré ma bouilloire avec du vinaigre cristal… aromatisé à la framboise : une cata ! L'odeur était tellement tenace qu'il m'a fallu faire bouillir de l'eau 10 fois avant qu'elle s'estompe. Achetez toujours ce vinaigre SANS parfum.

LE COMBO BICARBONATE/VINAIGRE

C'est détonant... au sens propre !

★ On verse 3 à 4 cuillères à soupe de bicarbonate dans la bonde de l'évier ou du lavabo puis on asperge de rasades de vinaigre blanc. Une jolie mousse décapante se forme... Laissez le mélange agir le plus longtemps possible.

★ Les toilettes : 2 cuillères à soupe de bicarbonate de soude dans le fond de la cuvette et sur les parois. Arrosez de vinaigre blanc avec quelques gouttes d'huile essentielle de citron (pour le parfum naturel) et laissez agir aussi longtemps que possible.

★ Pour récurer une casserole ou un fait-tout cramé : 2 cuillères à soupe de bicarbonate et 5 cuillères à soupe de vinaigre... une belle réaction chimique à base de bulles. Vous frottez légèrement avec une éponge métallique et plus rien !

LE SAVON NOIR

Il en existe de deux sortes, le cosmétique et le ménager. Ce dernier est composé de potasse et d'un corps gras : huile d'olive ou de noix, de lin, de maïs, de glycérine. Il se présente sous deux formes : le liquide ou le solide mou, une pâte noirâtre.

Ses avantages : 100 % naturel, non toxique, 100 % biodégradable. Très concentré donc très économique.

Ses fonctions :

★ Pour nettoyer

• Tous les sols : carrelage, parquet, lino, marbre, béton, mosaïque. Dans un seau d'eau tiède, mélangez 1 à 2 cuillères à soupe de savon noir, remuez bien. Pour encore plus d'efficacité, ajoutez quelques gouttes de vinaigre blanc. Puis rincez à l'eau chaude.

• Les vitres avec une bassine d'eau tiède et 1 à 2 cuillères à soupe de savon noir. Essuyez avec un chiffon en microfibres.

• La vaisselle et les couverts, qu'ils soient en inox, en laiton, en cuivre ou en argent. Remplissez une bassine d'eau chaude,

versez 4 cuillères à soupe de savon noir. Faites tremper les couverts 10 minutes, rincez à l'eau claire, séchez !

Pour dégraisser

• L'évier, les plaques de cuisson, le four, la hotte, le plan de travail. Versez sur une éponge du savon noir pur et frottez. Rincez à l'eau chaude. Si la surface est très sale (four, grilles de barbecue…), vaporisez le savon noir et laissez agir toute la nuit avant de frotter et rincer.

• Vos casseroles, fait-tout, poêles.

Pour l'acheter

Supermarchés, drogueries, réseaux et sites spécialisés

Bon à savoir

• Attention, il y a le savon noir ménager et le savon noir cosmétique (plus fin), ne vous trompez pas !
• Certains ont des conservateurs et allergènes, choisissez celui qui contient le moins d'ingrédients tels que :

Sur les sites et dans les réseaux spécialisés

Marius Fabre, savon noir liquide à l'huile d'olive, 5 litres
SanyBio à l'huile de lin, 5 litres

LES HUILES ESSENTIELLES

Selon le *Larousse* : « Ce sont des mélanges complexes associant des terpènes, des alcools, des cétones et des aldéhydes. Elles sont le plus souvent obtenues par distillation à la vapeur d'eau, par distillation sèche ou par expression à froid des parties de la plante qui en contiennent : fleurs, pétales, feuilles, tiges, racines, écorce des fruits, graines, résine ou gomme. Le rendement est faible : il faut 100 kg de lavande et près de 2 tonnes de pétales de rose pour obtenir un litre d'huile essentielle. »
Leurs fonctions : parfumante, antiseptique, désinfectante, antimicrobienne, antifongique telle l'huile essentielle de citron (*Citrus limon*) : antiseptique, antibactérienne, antivirale. Bonne odeur de propre ! On peut en mélanger dans son vinaigre blanc (citron, lavande, eucalyptus ou arbre à thé) pour un parfum naturel. Attention cependant à ne jamais en mettre dans le réfrigérateur !

En ligne
Pranarôm
www.pranarom.com/fr
Ladrôme
www.ladrome.bio
La Cabane aux arômes
https://lacabanedepescalune.fr
La compagnie des sens
www.compagnie-des-sens.fr
Bioflore
https://bioflore.be/fr
Aroma-Zone
www.aroma-zone.com

LE CHIFFON EN MICROFIBRES

Aussi appelé dans le métier « la » microfibre, c'est le quatrième membre de ce gang écolo très efficace ! C'est une pièce de tissu en fibres synthétiques minuscules composées de polyester et de polyamide, les premiers de la classe en matière

de nettoyage. Pour en choisir une bonne, prenez une microfibre qui contient au moins 30 % de polyamide. Et faites attention à son tissage qui correspond à des fonctions différentes : microfibres fines pour les surfaces fragiles, microfibres épaisses pour nettoyer les sols, microfibres multi-usages pour tout !
Ses avantages : elle attire la poussière, elle absorbe tous les liquides, elle accroche toutes les saletés. Elle est lavable entre 200 et 500 fois dans sa carrière.
Ses fonctions :

- Pour les poussières sur un support sec, vous l'utilisez sèche.
- Pour les poussières collées à un support, vous humidifiez la microfibre.
- Pour nettoyer toutes les surfaces : sol, plan de travail, évier, hotte, vitres (puis passez la raclette ou utilisez carrément une raclette en microfibres).
- Si vraiment les taches sont tenaces, pulvérisez du vinaigre dessus.

La panoplie idéale pour le ménage naturel, écologique et économique (on vous mâche le travail)

- 1 paquet de bicarbonate de soude de 2 kg
- 2 litres de vinaigre blanc
- 1 litre de savon noir ménager
- 2 pulvérisateurs : 1 pour le vinaigre blanc + 1 pour le savon noir liquide
- 2 éponges
- 2 chiffons en microfibres

LES DÉSODORISANTS ET PARFUMS D'AMBIANCE

Vous en avez tous au moins un chez vous. Désodorisants, diffuseurs de parfums, bougies parfumées, encens, papier d'Arménie… Vous allez déchanter ! Mais promis, on vous réenchantera bien vite…

LES DÉSODORISANTS

Ils sont de deux types, aérosol et spray. L'aérosol fonctionne avec un gaz propulseur qui diffuse des particules fines, tandis que le spray vaporise son produit et rien d'autre... Ce qui ne le rend pas inoffensif pour autant. D'ailleurs, aérosol ou spray, on trouve au dos les mentions suivantes : « Ne pas respirer les vapeurs », « Ne pas respirer les aérosols », « Utiliser seulement dans des zones bien ventilées ». C'est dire leur dangerosité. Ils émettent des COV en grande quantité et notamment des terpènes comme le limonène, le géraniol, le linalool. Ces molécules sont utilisées pour parfumer et désodoriser. Mêlées à l'ozone présent dans l'air, elles se transforment en aldéhydes tel que le formaldéhyde. Cette concentration en terpène est encore plus forte dans... les sprays d'huiles essentielles, qui contiennent jusqu'à 23 ingrédients allergisants sur les 26 de la liste réglementaire !

Coup de cœur

Si vraiment vous tenez au spray : **Etamine du lys**, rafraîchissant sans gaz, 125 ml

LES BOUGIES PARFUMÉES

Beaucoup d'entre elles libèrent des particules fines et des COV tels que le formaldéhyde, et cet autre composé chimique, l'acroléine, qui fragilise les voies respiratoires. Elles ne sont pas dangereuses si on les utilise occasionnellement. À éviter tout de même en présence de nourrissons, d'enfants et de femmes enceintes.

Coup de cœur

La bougie Apicia, parfumée « nectar royal ». Composition 100 % naturelle : cire de soja enrichie en cire d'abeille sans phtalates et sans CMR (agents cancérigènes, mutagènes ou toxiques pour la reproduction). Les mèches des bougies sont en coton non traité et sont labellisées Oeko-Tex.
www.apicia.fr

L'ENCENS

Sous ses airs ancestraux et naturels, il est le parfum d'ambiance le plus nocif, bien au-dessus des bougies parfumées ! Sa combustion libère un vrai cocktail cancérigène : benzène, formaldéhyde, acroléine et particules fines.

LE PAPIER D'ARMÉNIE

« Le plus ancien désodorisant naturel de l'air ambiant », comme on peut le lire sur son adorable petit paquet en papier, n'échappe pas aux défauts de tous les produits d'ambiance qui se consument. Lui aussi libère des particules fines et de l'acroléine en trop grosse quantité, même si question benzène, il est raisonnable.

LE DIFFUSEUR D'HUILES ESSENTIELLES

- Les diffuseurs organiques : ce sont des galets ou des objets de décoration en céramique à suspendre. Ils agissent par évaporation. Ils ne sont pas chers et ils sont efficaces dans les petites pièces.
- Le diffuseur d'huiles essentielles par nébulisation : une pompe à air propulse les huiles essentielles dans un circuit en verre et les transforme en microgouttelettes qui s'élèvent dans l'air. L'avantage : les huiles ne sont pas chauffées, mais diffusées à froid et elles conservent toutes leurs propriétés. Ce diffuseur est recommandé pour de grands espaces (jusqu'à 120 m^2).
- Le diffuseur d'huiles essentielles par ultrasons est aussi un mode de diffusion à froid. Les ultrasons produits par le diffuseur transforment le mélange d'eau et d'huiles en une brume légère qui se répand dans l'air. Idéal pour les surfaces de taille moyenne.
- Le diffuseur d'huiles essentielles à sec : il n'humidifie pas l'air et son pouvoir désinfectant est puissant.
- Le brûle-parfum : les huiles essentielles ne brûlent pas, mais sont chauffées indirectement par la bougie.

Bon à savoir

Ne jamais utiliser un diffuseur électrique dans la chambre d'un enfant en sa présence. D'ailleurs si vous l'utilisez, sachez qu'il ne pourra regagner ses pénates qu'une heure après la diffusion.

Mise en garde du Dr Sophie Silcret-Grieu, allergologue attachée à l'hôpital Trousseau (AP-HP), à Paris

« L'huile essentielle peut être irritante pour les voies respiratoires, car elle contient des COV (composés organiques volatils). Une goutte d'huile essentielle sur un galet, de temps en temps, dans une pièce que l'on peut aérer, pourquoi pas. Mais pas de diffuseur d'huile essentielle pour les asthmatiques, les femmes enceintes, les nourrissons et les enfants. »

Nos références

Guide pratique d'aromathérapie : La diffusion, Mes 32 huiles essentielles préférées dans 62 formules à diffuser et à respirer, Dominique Baudoux, éditions J.O.M.
Ma bible des huiles essentielles, Danièle Festy, éditions Leduc.s.
Grand guide des huiles essentielles, Fabienne Millet, éditions Marabout.

En ligne

www.aroma-zone.com
www.pranarom.com

Naturel mais pas relou

Oui parce que quand on commence à mettre le doigt dans l'engrenage, on ne peut plus s'arrêter. Il y a un petit côté enivrant à faire la nique aux industriels et à leurs gammes de produits empoisonnants, parfois menteurs, souvent trop chers au regard de leurs bienfaits. Quand vous saurez – grâce à nous ! – lire les étiquettes et déjouer les pièges, on ne vous aura plus non plus !!!
Vous allez passer par des phases du type : vous sursautez à chaque ingrédient nocif ou douteux, vous arrêtez de consommer, de mettre les pieds au supermarché, vous méprisez les gens qui ne font pas comme vous, vous faites la leçon à tout le monde dans la famille.
Alors, on vous le dit : on se calme tout de suite ! Sinon vous allez devenir dingue. Vous ne pourrez jamais tout appliquer. Si vous respectez notre adage, « moins c'est mieux », c'est déjà gagné !
Expliquez à votre entourage pourquoi tel produit est mieux qu'un autre sans l'imposer ni faire de reproches. Informez sans être trop péremptoire ou méprisant, ça ne fait pas plaisir et c'est contre-productif.

LES BIOCIDES

Ce sont les pesticides de l'intérieur ! Insecticides ménagers (antipoux, antimites, antimoustiques...), traitement des plantes d'intérieur, traitement du bois, des moquettes, anti-acariens... Que contiennent-ils et surtout par quoi les remplacer ? Revue de détail.

INSECTICIDES MÉNAGERS

Pour éliminer les blattes, les fourmis, les moustiques, les mouches (et on met les souris avec), qui ont élu domicile chez vous, on vous propose de les pulvériser, de les coller, de les piéger. Pour ce faire, l'industrie conventionnelle offre des solutions radicales pour les insectes, mais aussi pour les humains. Elle utilise des pyréthrinoïdes, des substances chimiques telles que la perméthrine, la deltaméthrine, la cyperméthrine, des perturbateurs endocriniens notoires.

Alternatives naturelles

Le plus simple : n'offrez pas de nourriture aux petites bêtes. Pour cela, fermez bien toutes vos poubelles et vérifiez que, dans vos placards, tous les sachets et bocaux sont hermétiquement fermés.

Sur les sites et réseaux spécialisés

Contre les mites : Aries, Etamine du lys, La Droguerie écologique
Contre les mouches : Etamine du lys, Aries
Contre les moustiques : Florame, Aries, Mousticare
Contre les tiques : Aries, Mousticare
Contre les fourmis : Aries
Contre les punaises de lit : La Droguerie écologique (terre de diatomée, *www.consoglobe.com/terre-de-diatomee-cg)*

Coup de cœur

La terre de diatomée, un produit pour plusieurs usages : c'est un insecticide naturel issu de fossiles d'algues microscopiques très coupants, qui se présente sous forme de poudre et que l'on passe en petite quantité au pinceau – par exemple – sur le chemin de passage des punaises de lit.
On l'utilise contre de nombreux parasites et insectes rampants tels que fourmis, blattes, punaises, tiques, puces, poissons d'argent. Donc dans la maison ou sur les animaux !

Contre les acariens : Ecodoo
Contre les cafards et blattes : Aries
Contre les mouches : la tapette
Contre les moustiques : la moustiquaire
Contre les souris : repérez les lieux de passage des souris marqués par d'adorables crottes foncées et placez des pièges fermés à clapets. Ils sont naturels et efficaces.
Contre les insectes en tout genre : Le site Générations futures parle des répulsifs naturels comme le vinaigre, le marc de café, le basilic, la marjolaine, la lavande... À explorer.

TRAITEMENT DES PLANTES D'INTÉRIEUR

Pour prendre soin de vos plantes, de votre santé et de votre porte-monnaie, on vous conseille d'oublier les insecticides industriels et de passer au naturel. Certains sont faciles d'utilisation, d'autres demandent un peu plus de cuisine, mais ça ne déplaît pas à tout le monde !

Quelques précautions préventives :

- Lavez-vous les mains quand vous quittez votre jardin et que vous devez vous affairer autour de vos plantes d'intérieur pour ne pas contaminer ces dernières.
- Les parasites adorent les endroits sombres, pensez à exposer vos plantes le plus souvent possible au soleil.
- Quand vous arrosez vos plantes, n'arrosez pas les feuilles, car l'humidité attire les parasites et les champignons.
- Si l'invasion de parasites ne concerne que deux ou trois feuilles, coupez-les sans état d'âme.

Si malgré tout ça, des parasites type champignons, pucerons, acariens, araignées rouges, mouches blanches ou cochenilles envahissent vos plantes d'intérieur, voici quelques recettes naturelles et faites maison.

- Le marc de café. Il a des propriétés insecticides : versez chaque semaine quelques cuillères à café au pied de la plante, à la surface du pot. Formidable contre les pucerons, les escargots, les fourmis et les limaces.
- L'eau de cuisson des légumes est riche en sels minéraux : arrosez la terre régulièrement avec.
- Le savon noir est idéal pour asphyxier les pucerons et les araignées rouges. Mélangez 30 g de savon noir dans 1 litre d'eau chaude. Versez le tout dans un vaporisateur et pulvérisez sur les plantes attaquées. Si l'invasion est très impressionnante, vous pouvez ajouter une cuillère à soupe d'alcool à brûler dans cette préparation.
- La terre de diatomée contre les pucerons en saupoudrant un peu de poudre sur la terre au pied de la plante.

Sur les sites et réseaux spécialisés
Les produits de la gamme des marques : Etamine du lys, Arcy vert

En ligne
www.consoglobe.com
www.remedes-de-grand-mere.com

TRAITEMENT DU BOIS

Pour huiler votre parquet : l'huile de lin est magique. 100 % naturelle, elle imprègne le bois de chêne ou de hêtre, sature ses pores et le rend hydrofuge. Le bois est protégé et retrouve son éclat.

Sur les sites et réseaux spécialisés
Les produits de la marque : Biovie

En ligne
www.eco-logis.com
https://bienetremateriaux.com

Les sites qui vous accompagnent

- L'Observatoire de la qualité de l'air intérieur :
www.oqai.fr
Pour connaître dans le détail les polluants, leurs sources et les gestes qui sauvent.
- L'ADEME, l'Agence de l'environnement et de la maîtrise de l'énergie :
www.ademe.fr
Pour des conseils concernant votre air, votre chauffage, etc.
- Générations futures :
www.generations-futures.fr
Pour les informations qui visent à protéger les générations futures des pesticides.
- Les sites d'information et de défense des consommateurs :
www.quechoisir.org/
www.60millions-mag.com/
- Pour les solutions et alternatives :
www.consoglobe.com
www.ecoconso.be
www.aroma-zone.com
www.ecodis.info/
- Les blogs pratiques :
www.toutpratique.com
www.cfaitmaison.com
- Une maman fan de naturel, de vert, d'écologie qui donne des conseils maison, beauté et conso en général :
www.bananapancakes.fr
- Une maman blogueuse fan de design qui donne des conseils pour entretenir sa maison naturellement :
https://frenchyfancy.com

Vous l'aurez compris, nous recherchons activement des papas qui tiennent des blogs sur ce thème… nous les récompenserons d'un de nos livres !

LES PEINTURES

On n'y pense pas, on ne la voit pas… et pourtant sur nos murs, la peinture diffuse lentement ses COV et autres gaz nocifs. On y trouve aussi des pigments pour donner de la couleur, dont certains contiennent des métaux lourds comme le plomb et le chrome.
Depuis 2013, les fabricants sont obligés de signaler la toxicité par inhalation de leur produit. Sur les étiquettes figure un classement de A+ à C. Mais si vous achetez une peinture A+, ça ne veut pas dire qu'elle est inoffensive, juste que ses taux d'émission sont bas. Or le seul niveau d'émission très satisfaisant, c'est zéro ! Si vous utilisez ces produits, il faut impérativement attendre et aérer avant de réintégrer les pièces peintes. Essayez de privilégier les alternatives naturelles, au moins dans la chambre des bébés ou des enfants.

Voici la liste des produits nocifs listés par l'OMS

Formaldéhyde
Acétaldéhyde
Toluène
Tétrachloroéthylène
Xylène
1,2,4-triméthylbenzène
1,4-dichlorobenzène
Éthylbenzènes
2-Butoxyéthanol
Styrène

Bon à savoir

Faut-il se fier aux labels Écolabel européen et NF environnement ? L'Écolabel est un peu plus exigeant que la marque NF, tant sur les teneurs admises en composés organiques volatils que sur le pouvoir masquant. Attention, certains fabricants ne peuvent pas faire labelliser leurs produits naturels qui sont pourtant de bonne qualité, car ces labels sont payants...

Les alternatives naturelles

La peinture naturelle n'émet presque aucun COV, peu odorante, sans danger pour la santé et les voies respiratoires. Elle est composée d'eau ou d'huile, de craie, d'argile, de silicates, de chaux, de pigments végétaux ou minéraux – et donc sans métaux lourds – et de résines naturelles pour lier le tout. Quand vous choisissez votre peinture naturelle, demandez à la voir posée, quitte à faire un essai avec un échantillon chez vous, car certaines peintures naturelles ne tiennent pas très bien. Dans tous les cas, elles nécessitent un temps de pose assez long et toujours une aération par sécurité.
L'enduit à la chaux naturelle est aussi une bonne option.

Sur les sites et réseaux spécialisés
Peinture naturelle :
Auro, *www.auro.fr*
Biofa, *www.biofa.fr*
Nature et harmonie, *www.natureetharmonie.fr*
Enduit à la chaux naturelle :
Terre vivante, *www.terrevivante.org/68-enduits-a-la-chaux.htm*
Nature et harmonie, *www.natureetharmonie.fr*
La marchande de couleurs, *www.lamarchandecouleurs.com*

LES SOLS

Le parquet et sa colle (et son imitation parfaite : le PVC) sont riches en COV et en perturbateurs endocriniens. Les moquettes ? Des nids à acariens. Alors on fait quoi ?
Soit on ne change rien – on n'a pas toujours le loisir ou les moyens de tout refaire ! –, soit on part de zéro et on peut opter pour les idées ci-dessous.

LE PARQUET EN BOIS MASSIF NON TRAITÉ

- S'il doit être collé, il existe des colles sans solvant. Elles doivent être labellisées Émicode EC1 pour une garantie de très faible émission de COV.
- Le vernis ? C'est la finition qui – paraît-il – pollue le moins, moins qu'un parquet huilé et bien moins qu'un parquet ciré.
- Attention, le mélange de cire naturelle et d'huile végétale dégage une bonne dose de COV. N'hésitez pas à poser mille questions quand vous prospectez.

LE PARQUET STRATIFIÉ

Il est constitué de panneaux de particules recouverts de feuilles de papier kraft imprégnées de résines phénoliques et d'une couche de finition en résine de mélamine. Ouais, on touche notre bille en stratifié ! N'empêche, il émet peu de formaldéhyde.

Vu le nombre de fois où on doit se taper le ménage, on allait pas investir dans du chêne massif !
(un peu fatigués quand même)
Comment un si petit être peut-il faire un tel boxon ?
lino salvateur
enfant heureuse

LE LINO

Quoi ?! Mais c'est tout vieux et polluant ça, non ? Point du tout. Le vrai linoléum est fabriqué avec des matières naturelles (résines, huile de lin) associées à une toile de jute.

LA MOQUETTE

★ Si elle est labellisée GUT. Ce label interdit l'usage des chlorofluorocarbures (CFC), du pentachlorophénol (PCP), du formaldéhyde et des métaux lourds. Pas de label non plus si l'industriel utilise des traitements antitaches, antimoisissures, antibactériens.

★ Pensez à la colle aussi (labellisée Émicode EC1, garantie très faible émission de COV).

★ Le problème de la moquette, c'est que même naturelle à la base, elle absorbe tous les COV émis par la peinture, les désodorisants…

AUTRES POSSIBILITÉS

Un sol en argile, en tommette, en pierre, en béton ciré, en liège…

En ligne

www.escalebio.com
www.consoglobe.com
https://bienetremateriaux.com
www.naturologis.fr

Bon à savoir

Une fois que vous avez un beau sol naturel, ne le couvrez pas d'une armada de tapis. Tapis, moquette… même combat !

Regarde Maman ! Je nous ai construit une maison au naturel !
Bravo ma chérie ! Mais on va peut-être essayer une version un peu moins radicale…
SUMMER VIBES
Quelqu'un a vu mes pots de basilic ?

LES MEUBLES

Ce sont aussi des émetteurs de COV, qui se nichent dans les panneaux de particules, dans les colles utilisées et les vernis synthétiques qui assurent la finition du meuble.
Comment les éviter ? Assurez-vous que, sur la fiche du produit que vous achetez, figurent par exemple les mentions suivantes : colle à l'eau, vernis naturel (surtout pour le mobilier des bébés et des enfants) et un des écolabels suivants :
- Norme NF Environnement/Ameublement : géré par Afnor Certification et reconnu par le ministère de l'Environnement, il exige notamment la limitation des émissions de formaldéhyde des panneaux et de métaux lourds (plomb, cadmium, mercure, cuivre, arsenic).
- Écolabel européen : globalement équivalent au précédent.
- L'Ange bleu : c'est le plus ancien écolabel existant, il est allemand, mais on peut le trouver sur des produits vendus en France. Il assure la préservation de la santé du consommateur et de l'environnement. Les fabricants doivent, par exemple, garantir la sauvegarde des ressources naturelles exploitées dans sa production et œuvrer pour la réduction maximale des déchets.
- Glue free – Zéro colle : un label récent qui se développe et qui veut tout dire !
- Nature plus : ce label européen interdit les produits de préservation du bois, des COV et des retardateurs de flamme de synthèse ou organiques.
- FSC (Forest Stewardship Council) ou PEFC (Programme for the Endorsement of Forest Certification) : ces deux labels bois garantissent un bois issu d'une forêt gérée durablement et dont les sociétés luttent contre la déforestation et la destruction des forêts primaires.

Sur les sites et réseaux spécialisés

Pour faciliter vos achats, voici une sélection de marques qui font de la protection de votre santé (et de l'environnement, ça va très souvent de pair) leur priorité. Bien sûr, c'est souvent un peu plus cher à l'achat, mais la qualité des meubles et leur durabilité est sans pareil.

Delorme Meubles
www.delormemeubles.com
Couleurs bois
www.couleursbois.fr
Sevellia
https://sevellia.com/mobilier-ecologique.html
Onatureshop
www.onatureshop.com
Zinezoé
www.guidemaisonecologique.com
zinezoe-meubles-bois-design-et-naturels/
My club design
www.myclubdesign.com
content/19-mobilier-ecologique-mobilier-naturel-bio-eco-design
Voglauer
www.voglauer.com/fr/meubles/la-qualite/
Naturameubles
www.naturmeubles.fr

LES VÊTEMENTS

Vous avez remarqué cette petite indication qui figure sur les étiquettes de vos vêtements ? « À laver avant de le porter »… Quand vous aurez lu ce chapitre, vous n'oublierez plus jamais.

Voici la liste de ce qui peut abîmer votre santé :

★ Le formaldéhyde. Ce produit chimique permet aux industriels de donner à vos vêtements synthétiques des propriétés infroissables, résistantes et hydrofuges (protégeant contre l'humidité). C'est aussi un fixateur de colorants. Grâce à son action, vos textiles ne déteignent pas. Mais… c'est aussi un COV ! Pour rappel, irritant respiratoire et cancérigène.

★ Les PFC, les composés perfluorés. Cette molécule permet aussi de fabriquer des vêtements qui n'ont pas besoin d'être repassés et des tenues hydrofuges, imperméabilisantes. C'est un perturbateur endocrinien reconnu, soupçonné d'altérer la fertilité, de favoriser le développement de cancers, de problèmes neurologiques, de déficits immunitaires…

★ Le plomb. Dans la fabrication des textiles, il est utilisé sous forme de pigments pour fixer la couleur.
Sa dangerosité est en cours d'étude.

★ Le chrome VI. Il est utilisé dans les pigments pour la coloration du textile, notamment le cuir. Il est sensibilisant (irritations cutanées, eczéma) et cancérigène.

★ Les phtalates. On les retrouve dans les « impressions plastisol », vous savez ces impressions en plastique sous forme de logo ou de dessins qui font fureur sur les t-shirts ou sweats des petits et des grands. C'est un perturbateur endocrinien.

★ Les NPE, éthoxylates de nonylphénol. Présents dans les détergents industriels, ils sont utilisés pour laver les textiles. C'est un perturbateur endocrinien.

★ Le dichlorométhane. Solvant souvent présent dans les jeans fabriqués en Asie. Extrêmement irritant.

★ La benzidine. Un produit très toxique contenu dans les colorants des textiles. Allergène, irritant, voire cancérigène.

Pour le même prix, je vous en mets un peu plus ? Nos vêtements peuvent également contenir des PBDE, les polybromodiphényléthers (des retardateurs de flamme pour que nos textiles ne prennent pas feu !), des nanomatériaux – tel le nano-argent pour éliminer les microbes –, aux propriétés anti-odeurs et anti-taches, et encore du diméthyfumarate, antifongique cancérigène interdit en Europe présent dans les textiles et cuirs importés de l'étranger.
Vous avez remarqué, c'est étrange... ces substances sont cachées aux consommateurs, elles n'apparaissent pas sur les étiquettes de nos vêtements... !

Textiles empoisonnants, que font les pouvoirs publics ?

L'Union européenne réglemente la présence de ces substances dans les textiles, mais comme 75 % des vêtements importés sont fabriqués hors Europe (Chine, Inde, Turquie...), ces seuils peuvent exploser sans qu'on le sache.
Heureusement, certaines associations veillent.
L'Agence nationale de sécurité sanitaire de l'alimentation, de l'environnement et du travail (ANSES) a fait ses recommandations au ministère de la Santé : abaissement du seuil réglementaire de certaines substances dont le chrome VI ainsi qu'affichage de ces substances sur les étiquettes des produits. (La suite des aventures sur le site : *www.anses.fr*)
Greenpeace a lancé en 2011 sa campagne Detox où elle encourage tous les fabricants de textile à diminuer voire abandonner l'utilisation de ces substances toxiques. Sur son site, toute la liste des bons élèves avec le détail de leur engagement (*https://greenpeace.fr*).

Contrairement à l'alimentation ou aux produits ménagers, pas facile de trouver de vraies alternatives naturelles et simples

à appliquer dans le cas des textiles. C'est très compliqué. Se vêtir 100 % naturel… Impossible pour le moment. Ce n'est pas parce que vous achetez des habits en soie, coton, chanvre ou lin que vous échappez aux pesticides et aux traitements chimiques.
Alors voici quelques conseils pour limiter les risques :

Les bons gestes (du plus facile au plus complexe) :

- Lavez un vêtement avant de le porter : deux fois, c'est l'idéal. Même si certaines substances allergisantes peuvent rester dans les tissus après lavage, et même parfois apparaître ou s'intensifier après être passées à la machine (comme le paraphénylènediamine… À vos souhaits !).
- Lavez et faites dégorger les vêtements colorés le plus possible.
- Fuyez les vêtements traités : antibactériens, infroissables.
- Évitez les imprimés et autres dessins plastifiés.
- Choisissez le plus possible du coton bio pour les femmes enceintes et les bébés.
- Choisissez le plus possible des vêtements de couleurs claires, ils contiennent généralement moins de colorants suspects.
- Optez pour les vêtements labellisés pour les femmes enceintes et les bébés.
- Évitez les nettoyages à sec au pressing et, si vous n'avez pas le choix, aérez le vêtement avant de le ranger dans votre penderie.

Les labels

★ Écolabel européen – Produits textiles

Un usage limité de substances dangereuses pour l'environnement.
Un usage limité de substances dangereuses pour la santé.
Une réduction de la pollution de l'air et de l'eau durant la production des fibres.
La résistance au rétrécissement durant le lavage et le séchage.
La résistance des couleurs à la transpiration, au lavage, au frottement mouillé et à sec et à l'exposition à la lumière.

★ Le STANDARD 100 by Oeko-Tex®

C'est un système international de contrôle et de certification sur les substances nocives dans les textiles. Il certifie la non-toxicité des textiles qui le plus souvent ne viennent pas de l'agriculture biologique. Il interdit de nombreux produits toxiques, dont certains pas encore réglementés par la loi (*www.oeko-tex.com*).

★ GOTS, Global Organic Textile Standard

C'est le label international de référence pour les textiles biologiques, depuis la récolte des matières premières en passant par la fabrication responsable jusqu'à l'étiquetage, afin de fournir une garantie fiable au consommateur final. La liste des produits interdits est longue (*www.global-standard.org/fr/*).

★ Naturtextil Best

95 % des fibres utilisées sont issues de l'agriculture biologique (*www.naturtextil.com*).

★ Le Coton Biologique / Organic Cotton

Sans OGM ni produits chimiques, agriculture respectueuse des sols, récolte à la main.

★ Max Havelaar Textile

Coton « pluvial », c'est-à-dire qui n'a pas besoin d'irrigation (point important pour la préservation des ressources en eau), sans OGM, cultivé en polyculture. Seule faiblesse : l'usage des pesticides, deux fois moins qu'en culture conventionnelle toutefois. Ce label ne garantit pas des textiles sans traitement.

Les alternatives naturelles

Dans les supermarchés et chez les enseignes généralistes

La Redoute
www.laredoute.fr
Kiabi
www.kiabi.com
Monoprix
www.monoprix.fr

Sur les sites et dans les réseaux spécialisés

Ekyog, vêtements bios et naturels pour femmes
www.ekyog.com
Bleu forêt, sous-vêtements
www.bleuforet.fr
Randéco, l'équipement outdoor responsable
www.randoeco.fr
Somewhere, vêtements bios
www.somewhere.fr
Fibre bio, vêtements bios
https://fibrebio.com/
Modetic, vêtements bios
www.modetic.com
Comptoir Biosud, vêtements et tissus bios
www.comptoirbiosud.fr
Daregreen, vêtements en chanvre, bambou et coton bios
www.daregreen.fr
La Gentle Factory, vêtements made in France
www.lagentlefactory.com
Boob, vêtements bios femmes enceintes
www.emoi-emoi.com/marque-createur-boob.html
www.boobdesign.com
La révolution textile, Oeko-Tex, 100 % lin
www.larevolutiontextile.com

Coups de cœur

Marie et Marie, vêtements bios
www.marie-et-marie.com
Maison Balancines, fabrication française, laine certifiée Oeko-Tex
www.maisonbalancines.com

Lovely green, créations écoresponsables
www.lovelygreen.fr
Quintessence, fabriquée en France
www.quintessence.fr
Esquisse, lingerie fabriquée en France
www.esquisse-lingerie.com

LA LITERIE ET LE LINGE DE MAISON

Dans notre lit, on passe un tiers de notre vie… On a le nez collé au matelas, aux oreillers, aux housses de couette, et on ne pense pas forcément à leur éventuelle toxicité. Eux aussi émettent des COV liés aux traitements antiacariens ou retardateurs de flamme qu'on leur a fait subir. On passe tout ça en revue :

MATELAS

- On privilégie bien sûr les matières les plus naturelles possible et les moins traitées.
- Si vous ne pouvez pas éviter les traitements, optez pour les plus naturels possible, du type : Proneem, Pure Essential, Greenfirst. N'hésitez pas à poser des questions au service consommateur de la marque ou au vendeur.
- Le top : un matelas 100 % latex naturel ou d'origine naturelle (issu de l'agriculture biologique dans l'idéal) certifié par un label officiel : Éco-Institut, QUL, Eurolatex, Oeko-Tex 100.
- Passez l'aspirateur sur votre matelas 2/3 fois par an pour vous débarrasser des acariens. Une fois par mois si vous avez le courage !

En ligne

www.kadolis.com
www.noctea.com
www.matelaslatex-naturel.fr
www.biosense.fr

On passe un tiers de notre vie au lit...

Sauf le week-end où on est plutôt sur du 50-50.

COUETTES

On peut désormais sortir de l'éternel choix entre plumes ou synthétique. La couette peut être en coton bio, en bambou, en soie, ou en Tencel®, une fibre fabriquée à partir de pulpe d'eucalyptus, 100 % écologique. Elle est très douce, protège contre les bactéries, absorbe l'humidité et garde la chaleur.

En ligne
www.ethicolours.com

OREILLERS

Privilégiez le latex bio, le bambou, la soie, ou les nouvelles matières : balles de sarrasin, d'épeautre, de millet...

En ligne
www.milleoreillers.com
www.ethicolours.com

LINGE DE LIT

- Housses et draps : privilégiez le coton bio, le lin... N'oubliez pas de vérifier les traitements appliqués.
- Alèse : bannissez celles en PVC (qui émettent des composés toxiques) et privilégiez celles tout en coton ou en laine, si votre enfant – ou vous ! – êtes propres ! Sinon, une alèse avec une fine couche de polyuréthane et le label Oeko-Tex 100 limite au mieux les émissions, mais conserve le côté imperméable.
- Si vous êtes allergique aux acariens, optez pour une housse de matelas avec fermeture Éclair pour l'envelopper et l'isoler totalement.

En ligne
www.kadolis.com
www.immunoctem.fr
www.domhous.be/fr

LA LESSIVE

Les lessives de nos rayons de supermarché sont des modèles de greenwashing et de promesses non tenues. La plupart contiennent l'un des trois conservateurs les plus allergisants qui soient (méthylisothiazolinone, méthylchloroisothiazolinone, benzisothiazolinone). Elles sont chères et pas sécurisantes pour la peau. Idem pour les adoucissants/ assouplissants. Les lessives en poudre, contrairement aux lessives liquides, ne contiennent pas de conservateurs allergisants mais gardent des parfums qui peuvent être irritants.
Si vous tenez à continuer de l'acheter au supermarché, veillez à ce que sur l'étiquette ne figurent pas les trois conservateurs ci-dessus, et si possible, prenez-la sans parfum (pas facile à trouver).

Coup de cœur

Ecover zéro, lessive liquide, 1,5 l

Nos conseils

• Utilisez un bon cycle de rinçage et veillez à toujours rincer votre linge lavé à la main plutôt 5 fois qu'une !
• Mettez une petite quantité de lessive.
• On déconseille les lessives qui prônent un « linge parfumé » et une bonne odeur... Car le parfum reste dans le tissu. '
• Les adoucissants ? On évite ! Encore une fois, moins c'est mieux.

Les alternatives naturelles

Sur les sites et dans les réseaux spécialisés

• Lessive :
Ecodoo, lessive concentrée écologique, 5 l
Etamine du lys, lessive liquide blanc et couleur, 3 l
Lérutan, lessive liquide concentrée, 5 l
L'artisan savonnier, lessive liquide concentrée 5 l
• Détachant :
L'arbre vert, 500 ml
Etamine du lys, spray détachant couleurs vives, 125 ml
Bulle verte tous textiles 1 l

À faire soi-même

La formule la plus écologique et économique (vous divisez votre budget lessive par 10)

Pour la lessive :

Voici la recette du site *www.bananapancakes.fr* que l'on aime beaucoup :

- 50 g de savon de Marseille (blanc ou vert)
- 10 cuill. à soupe de bicarbonate de soude
- 10 gouttes d'huile essentielle d'ylang-ylang ou de petitgrain bigarade (ça sent bon, mais c'est facultatif et, surtout, interdit aux personnes qui ont un terrain atopique, enfants, bébés et femmes enceintes)
- 2 cuill. à soupe de cristaux de soude (ou à ajouter directement dans le tambour)

Faire fondre les copeaux de savon dans une casserole d'eau sans faire bouillir. Laisser tiédir et ajouter le bicarbonate, les cristaux de soude et l'huile essentielle. Verser dans un ancien bidon de lessive et secouer régulièrement jusqu'au refroidissement. Si elle est trop compacte, ajouter un peu d'eau. Utiliser comme une lessive classique !

Pour une lessive de blanc, ajouter 2 cuillères à soupe de percarbonate de soude dans le tambour.

Pour l'adoucissant / assouplissant :

Mélanger 1/3 de vinaigre blanc avec 2/3 d'eau et 10 gouttes d'huiles essentielles (pas pour les personnes qui ont un terrain atopique, ni enfants, bébés et femmes enceintes), le tout à verser dans le tambour.

Pour le détachant :

- Mélanger 1/2 tasse de vinaigre blanc avec 1/4 de tasse d'eau chaude et 1/4 de tasse de bicarbonate de soude. Appliquer le mélange directement sur la tache, laisser agir pendant 15 minutes et rincer.
- Les taches de graisse : saupoudrer du bicarbonate de soude directement sur la tache et laisser agir 30 minutes, brosser et rincer.
- Les taches de sueur ou de vomissures : mélanger 6 cuillères à soupe de bicarbonate de soude dans 1/2 tasse d'eau tiède et appliquer sur la tache, puis laisser reposer 15 minutes. Rééditer si la tache n'a pas disparu.
- Les taches de café, de thé, d'encre et autres taches sombres : mélanger 1/4 de tasse de jus de citron, plusieurs cuillères à café de sel et 1/2 tasse d'eau tiède. Appliquer le mélange sur la tache, laisser agir pendant 10 minutes et rincer à l'eau tiède.

La liste des courses pour la lessive, le détachant et l'adoucissant

- paillettes de savon de Marseille certifié UPSM type Marius Fabre, Le Fer à cheval, La Corvette.
- bicarbonate de soude
- cristaux de soude (dégraissant puissant, nettoyant)
- percabonate de soude (agent blanchissant naturel)
- vinaigre blanc
- facultatif : huiles essentielles de lavande, ylang-ylang ou petitgrain bigarade

À lire pour aller plus loin et fabriquer des détachants pour chaque type de taches : le grand ménage Raffa (c'est formidable et gratuit).
http://raffa.grandmenage.info/public/pdf/version-ecran-prud.pdf

LES USTENSILES DE CUISINE ET LES EMBALLAGES

Et si l'on fouillait dans les tiroirs de votre cuisine maintenant... Alors je vois du plastique, du plastique, beaucoup de plastique, un peu de verre, beaucoup de Teflon, un peu de bois, de l'aluminium... Il ne s'agit pas de tout mettre à la poubelle, mais si vous voulez vous protéger et protéger votre famille des matières toxiques, il va falloir faire le tri. Prêt ?

LES CASSEROLES, POÊLES ET FAIT-TOUT

En la matière l'offre est immense et les revêtements nombreux : Teflon, aluminium, fonte, acier inoxydable, céramique... On vous donne avantages et inconvénients des uns et des autres.

Le Teflon

Le + : ne colle pas, pas cher.
Le – : le Teflon – nom commercial d'une molécule, le polytétrafluoroéthylène (PTFE) qui compose le revêtement noir – a longtemps contenu du PFOA ou acide perfluorooctanoïque en guise de colle, une substance chimique qui peut migrer vers les aliments. Depuis 2015, le PFOA, soupçonné d'être un perturbateur endocrinien, a été abandonné par les fabricants de revêtements ! Chouette, mais remplacé par quoi ? Très difficile d'avoir la réponse ! Et ce n'est pas faute d'avoir harcelé les services clients des marques.

L'aluminium

Le + : léger, pas cher.
Le – : avec la chaleur, on soupçonne les particules d'aluminium de migrer vers les aliments.

L'inox

Le + : solide, matériau sain.
Le – : adhérent, lourdeur du matériau, il doit être d'excellente qualité, il est cher.

La fonte

Le + : solide, matériau sain.
Le – : lourdeur du matériau, demande un entretien particulier (huilé après chaque utilisation et ne tolère pas l'eau froide et le produit vaisselle), il est cher.

La céramique

Le + : ne colle pas, pas trop cher.
Le – : fragile, on manque d'informations sur la composition exacte des ustensiles en céramique.

Les alternatives naturelles

Nous, on privilégie l'inox 10 18 et la fonte. Les ustensiles en bois aussi tant qu'ils ne sont pas recouverts de vernis ou de traitement chimique. Quel que soit votre choix, assurez-vous que vos ustensiles soient certifiés sans PTFE ni PFOA.

Coup de cœur

Baumstal, marque française *www.baumstal.com*

Sur les sites et dans les réseaux spécialisés

• En inox 10 18 (acier) :
Mauviel, marque française *www.mauviel.com*
Cristel, marque française *www.cristel.com*
Matfer bourgeat, marque française *www.matferbourgeat.com*
• En fonte :
Abe, marque française *http://abe-fr.com/poele-fonte-24cm.html*
Skeppshult, marque suédoise *www.skeppshult.fr*
Ronnebybruk, marque suédoise *http://ronnebybruk.fr*
• En pierre et céramique :
Natural cook pro *http://naturalcookpro.com/project/la-poele/*

Bon à savoir

Jetez toutes vos casseroles ou poêles en Teflon dès qu'elles sont rayées.

LES PLATS À TARTE / MOULES À GÂTEAUX

Là aussi, méfiance ! Les moules à gâteaux en silicone et en métal antiadhésif peuvent libérer des éléments polluants sous l'effet de la chaleur. Les ingrédients gras, comme l'huile, seraient particulièrement conducteurs. Bien laver et graisser les moules en silicone avec du beurre avant utilisation.

Les moules en métal seraient moins nocifs (sauf s'ils sont rayés : jetez-les !). Vérifiez bien quand vous achetez ces ustensiles qu'ils détiennent le « certificat de conformité à l'aptitude au contact des aliments » sur l'étiquette.

LES CONTENANTS ET LES EMBALLAGES

Le copain relou, c'est le plastique ! Parfois fiable, parfois pas : chauffé à 70 °C et plus il laisse s'échapper des substances nocives qui migrent et contaminent les aliments. Le bisphénol A a été interdit en France, mais il est encore présent dans nos robots en plastique, bouilloires en plastique, lunch box, boîtes de conservation, films d'emballage.

Voici quelques bons conseils :

- Choisissez des contenants en verre quand ils doivent être chauffés au micro-ondes ou pour conserver la nourriture au réfrigérateur.
- Utilisez le moins possible de cellophane et de papier aluminium. Évitez aussi les feuilles en silicone. Préférez le papier de cuisson garanti « Papier FSC non blanchi » et sans chlore (idéal pour les chouquettes, gougères, papillotes au four...).
- Pour les goûters ou déjeuners à emporter, choisissez une lunch box en inox (Elephant box, Écolunchbox).
- Au travail, utilisez votre mug (céramique ou inox) plutôt que le gobelet en plastique de la machine qui, chauffé par la boisson, peut libérer des substances nocives. S'il tombe automatiquement, ben, vous transvasez !
- Si vous tenez absolument au plastique, sachez le décrypter... Votre contenant ou emballage est noté entre 1 et 7 reconnaissable par son logo en triangle. Évitez les 1, 3, 6 et 7 qui utilisent des matériaux nocifs. Exemple, pour le 3, il s'agit de PVC, ou polychlorure de vinyle, dont la fabrication nécessite des phtalates. Bref, privilégiez les plastiques 2, 4, 5.
- Et pour les filtres à café : optez pour les filtres non blanchis au chlore !

LES ONDES ÉLECTROMAGNÉTIQUES

Nous sommes entourés depuis des millénaires d'ondes électromagnétiques naturelles auxquelles nous nous sommes accoutumés tout au long de notre évolution. Et puis vinrent celles que l'humain a développées et intensifiées pour alimenter ses innovations et c'est là qu'on trouve le WiFi, qui connecte nos ordinateurs, nos téléphones, nos tablettes, nos babyphones ou encore nos enceintes.
Il n'y a pas d'études scientifiques qui concluent fermement à la nocivité des ondes sur l'être humain. Ni à leur innocuité… Alors que faire ? Appliquer le sacro-saint principe de précaution, par exemple.

Voici quelques conseils pour vous préserver et protéger votre entourage des ondes électromagnétiques du téléphone portable :

★ On limite le contact avec le corps : utilisez le haut-parleur, un kit main libre… valable aussi pour les tablettes et ordinateurs.

★ Privilégiez un casque ou des écouteurs sans fil, moins vecteurs d'ondes.

★ Évitez les longues conversations lorsque le réseau est assez faible : le portable mouline pour mieux capter et libère plus d'ondes.

★ Ne dormez pas avec le téléphone sous l'oreiller (si, si, il y en a qui le font !).

★ Mettez-le sur mode avion et/ou déconnectez le Bluetooth dès que vous n'en avez pas l'usage.

★ Vous pouvez aussi choisir un téléphone mobile à faible DAS (débit d'absorption spécifique). Sa valeur limite, indiquée sur la fiche produit, est de 2 W/kg. Malheureusement il semble que chacun des fabricants réalise ses tests à sa sauce : le DAS affiché n'est pas toujours fiable. Si vraiment vous souhaitez pousser le principe de précaution jusque-là, allez glaner des infos sur le site de l'ANFR (*www.anfr.fr*).

★ Pour ma part, j'utilise un patch anti-ondes que j'ai posé au dos de mon smartphone. Bien placé, le patch Fazup réduirait l'émission d'ondes ainsi que les maux de tête, acouphènes, troubles du sommeil… selon divers tests réalisés par un laboratoire indépendant, Emitech, de marque et de fabrication française : *www.fazup.com*

★ Le babyphone serait aussi un bon pourvoyeur d'ondes quand il est placé trop près des bébés… À vous de voir si vous souhaitez vous en passer.

Les déchets : vivre plus naturellement, c'est aussi jeter moins et/ou recycler plus

Les règles de tri :

- Tous les emballages doivent être vidés, mais pas nettoyés.
- Un carton souillé comme ceux des pizzas se recycle tout à fait et doit être jeté dans la poubelle jaune.
- Les bouteilles en plastique et tous les flacons peuvent être jetés avec leurs bouchons.

On peut rapporter les capsules de café usagées dans des points de collectes, et depuis peu les jeter dans la poubelle jaune selon votre commune.

consignesdetri.fr + application Guide de tri

Les habitudes de consommation :

- On garde un tote bag sous la main.
- On achète en vrac avec ses propres contenants rechargeables.
- Au supermarché, on évite les pots individuels.
- Buvez l'eau du robinet, en France elle est bonne !
- On fabrique ses produits ménagers (plein de recettes dans le chapitre précédent !).
- On cuisine soi-même (compotes, confitures, purées, soupes et cie) quand on a le temps.
- Un « pas de publicité merci » sur la boîte aux lettres, ça marche ! (De plus en plus…)

Pour aller plus loin :

- Présentez-vous chez votre boulanger avec un sac à pain, chez le boucher avec une boîte en verre, etc.
- Adoptez un composteur, il en existe même pour les appartements : *www.smartplanete.org/meilleurs-composteurs-appartement-cuisine-balcon/*

Coup de cœur

www.mamiecolette.com. Tous les produits sont fabriqués en France : sac de courses, sac à vrac, mouchoirs en tissu, sac à pain, sac à sandwich, lingettes démaquillantes ou pour bébé…

CHAPITRE 4
Kid's club

KID'S CLUB

Du bébé à l'enfant, comment prendre soin d'eux sans les empoisonner !
L'arrivée d'un bébé, c'est merveilleux. Mais avez-vous remarqué la quantité de matériel que cela nécessite ? Le temps que ça prend de tout réunir ? Surtout quand on a décidé de lui fabriquer un environnement sain.
Je viens d'avoir un second bébé et j'ai passé ma grossesse à bosser le sujet jour et nuit. J'ai tout épluché pour répertorier, tester et finalement approuver une série de produits, de références et de bons conseils. Des couches au biberon, en passant par le matelas du lit, la table à langer, les jouets, les vêtements, les soins du quotidien...
À vous de piocher ce qui vous intéresse. Vous ne pourrez pas obtenir un quotidien 100 % sain ou une chambre 100 % écologique, mais vous vous en approcherez et ce sera déjà génial.

Nos règles d'or

1) Pour tout ce qui est tissus : on privilégie le 100 % coton, le coton bio et le label Oeko-Tex.
2) Comme toujours, on lit bien les étiquettes pour repérer les produits toxiques !
3) Ce qui est écolo n'est pas forcément bon pour la santé… et vice versa !
4) On lave toujours les vêtements et les jouets avant d'en faire profiter nos enfants.
5) On traque la mélamine (à ne pas confondre avec la mélanine !), matière plastique omniprésente dans les assiettes et couverts pour enfants (on la trouve parfois sous le nom de cyanuramide… Ça vous donne une idée !).
6) On privilégie les matières naturelles et les peintures à l'eau pour le berceau et le lit des enfants.
7) On supprime tous les produits inutiles pour les bébés et possiblement allergisants : eaux micellaires, nettoyantes, parfumantes…
8) La crème solaire, c'est indispensable mais l'idéal, c'est de ne pas exposer du tout la peau au soleil avant l'âge de 3 ans.
9) On n'oublie pas les accessoires : doudous, écharpes de portage, transats, jouets… eux aussi sont en contact avec nos enfants, eux aussi doivent être triés sur le volet !

QUI CHANGE BÉBÉ ?

Ne posez jamais cette question… Faites-le ! (Ou demandez au papa.)

LES COUCHES

6 000, c'est le nombre de couches qu'un enfant va porter de sa naissance à ses 2 ans et demi.

Gros budget, grande obsession des parents que nous sommes. Alors qu'on a collé pendant des décennies des couches jetables de supermarché aux fesses de nos enfants, voilà que l'on retient notre souffle à chaque nouvelle étude comparative qui pointe les ingrédients nocifs qu'elles renferment. Et c'est vrai que l'autopsie d'une couche, c'est un peu inquiétant.

Ce qu'on trouve dans les couches

Dans un rapport publié le 23 janvier 2019, l'Agence nationale de sécurité sanitaire de l'alimentation, de l'environnement et du travail (ANSES) alerte sur « la présence de différentes substances chimiques dangereuses dans les couches jetables qui peuvent notamment migrer dans l'urine et entrer en contact prolongé avec la peau des bébés ». Une soixantaine de substances chimiques ont été identifiées dans les modèles de couches testés bios et non bios : des pesticides tel le glyphosate, des substances parfumantes, des composés organiques volatils. Le cauchemar.

Comment de tels produits chimiques peuvent-ils se retrouver dans des couches pour bébés ? Les substances parfumantes sont ajoutées par les fabricants pour plaire aux narines des parents, elles seront faciles à supprimer… En revanche, d'autres substances comme les pesticides viennent de la

contamination des matières premières et là, ça va être coton de lessiver tous les sols... L'ANSES et le gouvernement ont demandé aux fabricants de couches d'améliorer la composition de leurs produits. Affaire à suivre de près.

Autopsie d'une couche jetable

À l'intérieur : un voile de surface posé sur un coussin absorbant, le tout entouré d'une partie absorbante (élastiques et barrières anti-fuite).
À l'extérieur : une enveloppe externe avec ou sans motifs et un système d'attache collante.
C'est la partie « coussin absorbant » qui nous préoccupe le plus, dans la mesure où elle est en contact direct avec les fesses et le sexe de notre enfant. Ce coussin est composé de :
★ Cellulose : un composant qui vient des arbres (ce n'est pas du coton) et qui permet d'absorber des matières liquides. Il peut être blanchi au chlore (pas sain du tout) ou à l'oxygène (plus sain). Il peut aussi contenir du glyphosate, oui oui, ce terrible pesticide.
★ SAP (polyacrylate de sodium) : une substance chimique qui se transforme en gel hyper absorbant au contact du pipi. Toutes les couches – même les écolos saines – en contiennent. On n'a rien trouvé de mieux jusqu'à maintenant. Heureusement, ce composant est enfermé dans la cellulose et ne fricote pas avec la peau de notre bébé. Sauf si, bien sûr, vous tardez à le changer et que la couche crève. Dans ce coussin absorbant, la plupart des fabricants de couches ajoutent des parfums, des capteurs d'odeur. Sur le voile posé sur le coussin, il peut y avoir une lotion pour éviter (soi-disant) l'érythème fessier. Elle est souvent à base d'huiles minérales, de vaseline ou de colorants. De la chimie inutile qui peut irriter la peau, les voies respiratoires de votre bébé ou même perturber son système endocrinien.

Bon à savoir

Les couches bios n'existent pas, car elles contiennent toutes des matières de synthèse issues de la chimie (telles le SAP). Elles ne sont donc pas compostables. En revanche, elles peuvent être saines (le plus possible) et eco friendly.

Les alternatives naturelles

Vous l'avez compris, on vit au rythme des révélations hebdomadaires. Voici les couches qui nous semblent les plus saines et, à l'usage, les moins irritantes et les plus efficaces (pas de fuites) au moment de l'impression de ce guide. Restez vigilant sur la composition des couches, elle peut évoluer.

Au supermarché

Carryboo :

Couches fabriquées en France. Saines = garantie 0 % de chlore, pétrolatum, parfum, OGM, latex.

Écologique = 60 % du matelas est en cellulose naturelle biodégradable FSC, qui garantit une gestion forestière durable.

Certifiées Nordic SWAN Écolabel, assurant un impact réduit sur l'environnement.

Disponibles : Auchan, certains Leclerc, sur Auchan direct, Chrono Drive et Natiloo. Mais aussi en ligne sur des sites du type santé discount : *www.santediscount.com*

Naty :

Matériau à base de plantes et de végétaux certifié à 100 % contre la peau du bébé.

Cellulose certifiée à 100 % FSC.

Certifiées selon la norme STANDARD 100 by Oeko-Tex.

Disponibles : Monoprix, Biocoop, Casino, Franprix, Amazon, Naturabebe, Bébé au Naturel, Greenweez, Natiloo.

Pampers Harmonie :

Cellulose pas blanchie au chlore, provenant des filières durables.

Coton de haute qualité cultivé dans le cadre d'une filière responsable.

Certifiées selon la norme STANDARD 100 by Oeko-Tex.

Disponibles : grandes surfaces.

Sur les sites et dans les réseaux spécialisés

Coups de cœur

Joone

Des couches fabriquées en France dont le processus de fabrication est transparent et sain. La marque propose même ses résultats toxicologiques. La cellulose (aussi appelé « fluff ») de ces couches est exempte de glyphosate et issue de forêts FSC (qui garantit une gestion forestière durable). Le tissage permet de mieux diffuser l'urine dans toute la couche, pas d'effet « paquet ». C'est aussi pour ça que ces couches sont un peu plus épaisses que la moyenne !
La couche ne contient : ni chlore ni latex, ni lotion ni parfum, pas de phtalates ou de perturbateur endocrinien, ni parabens ou organo-étain. L'encre utilisée pour les imprimés est une encre sans solvant.
Pour les acheter par abonnement, vous choisissez la fréquence de livraison. Vous pouvez changer de motifs à chaque commande. Pour quelques euros supplémentaires, Joone ajoute un liniment ou des lingettes saines. Le site est très bien fait, très clair.
www.joone.fr/blogs/joone

Tidoo : couches fabriquées en France.
Garantie 0 % de chlore, petrolatum, parfum, OGM, latex. 60 % du matelas est en cellulose naturelle biodégradable FSC qui garantit une gestion forestière durable. Certifiées Nordic SWAN Écolabel.
Disponibles : magasin bios du type Naturalia, Biocoop, La Vie Claire, etc., et des enseignes indépendantes.
On peut également les retrouver sur le site Bébé au naturel, Greenweez, Graine de bonne santé, Brindilles.
www.bebe-au-naturel.com
www.greenweez.com
www.graine-de-bonne-sante.com
www.brindilles.fr

Les couches lavables

Seuls 5 % des parents y ont recours… C'est une alternative intéressante. Mais attention, il faut prendre en compte la qualité des tissus utilisés dans la couche. L'insert absorbant glissé dans la couche en tissu doit être issu d'une culture sans pesticides et ne doit pas avoir été blanchi au chlore. Pour le tissu de la couche s'il est certifié Oeko-Tex 100 classe I, c'est mieux.

Coup de cœur

On a testé cette marque française **P'tits dessous**
www.ptitsdessous.com/html/page-retour
C'est plutôt simple d'utilisation, mais il faut prendre le temps de maîtriser la couche-culotte et les inserts afin d'être certain que votre enfant soit au sec. Un conseil, si vous vous lancez dans l'aventure, répétez un peu avant d'avoir votre bébé, après vous n'aurez pas le courage ! C'est un budget au début puisqu'il faut plusieurs couches-culottes... Mais, bien entendu, c'est tellement moins cher que (plus ou moins) 3 ans de couches jetables.

Autres marques bien notées par les utilisateurs – on les trouve sur Internet.
Hamac Paris
www.hamac-paris.fr/pages/63/quel-modele-de-couches-lavables-choisir
Bambinomio
www.bambinomio.com/fr

LE LINIMENT

Dit « oléo-calcaire » ou « calcaire ». Il remplace les laits et lingettes pour nettoyer le siège et le sexe de votre bébé. C'est un mélange qui privilégie les ingrédients naturels : huile d'olive et eau de chaux. Il est utilisé depuis des années à l'hôpital, notamment pour soulager les brûlures. Pourquoi évite-t-il si bien les érythèmes fessiers des bébés ? Parce que l'urine acidifie l'épiderme, l'application de l'eau de chaux permet de rétablir le pH naturel de la peau et l'huile d'olive de la protéger en prévision de la prochaine couche !
Moi, il m'arrive de m'hydrater le corps ou de me démaquiller avec !

Les alternatives naturelles

Là encore, il faut regarder les compositions car tous les liniments ne se ressemblent pas. Voici nos recommandations, histoire de gagner du temps. Moins il y a d'ingrédients, mieux c'est ! Le liniment est une pâte blanche ou jaunâtre qui ne se rince pas.

Au supermarché

Carryboo, 450 ml : 48 % d'huile d'olive extra-vierge biologique, sans conservateur, sans parfum, formulé avec seulement 4 ingrédients
Bébé Cadum, 400 ml

Sur les sites et dans les réseaux spécialisés

Love and Green, 400 ml (seulement 3 ingrédients)
Jonzac, 500 ml
Joone, 500 ml

LES COTOPADS

Pour appliquer le liniment ou juste nettoyer avec de l'eau de source… Privilégiez des cotons non blanchis au chlore mais à l'eau oxygénée (moins toxique). C'est rarement indiqué, mais quand ça l'est… foncez !

Les alternatives naturelles

Au supermarché

Carryboo, maxi carré bébé, 100 % coton biologique sans OGM, certifié GOTS, blanchi sans chlore à l'eau oxygénée

Sur les sites et dans les réseaux spécialisés

Stérilux® pads et **Stérilux® pads BIO** rectangles de coton non blanchis au chlore mais à l'eau oxygénée
Gilbert Pads Bio x 180 100 % biodégradables. Ils ne contiennent ni pesticides, ni OGM, ni plomb et n'ont pas été blanchis au chlore

LES LINGETTES JETABLES

Il y a de tout dans la lingette qui doit servir à débarbouiller le visage, les mains, nettoyer le siège de votre bébé : des parabens, du phénoxyéthanol, du parfum, de l'alcool… Pas saines du tout et chères, ça fait beaucoup. À éviter donc. Mais si vous en avez vraiment besoin pour partir en vadrouille, voici quelques références plus saines.

Les alternatives naturelles

Au supermarché

Carryboo, lingettes dermo-sensitives x 58 : sans parfum, sans alcool, sans phénoxyéthanol, sans parabens
Naty, Lingettes éco sans parfum – Paquet de 56

Sur les sites et dans les réseaux spécialisés

Tidoo, lingettes x 58 bios compostables au calendula avec parfum naturel
Joone, lingettes x 32 à l'huile d'olive
WaterWipes X 60 eau purifiée et extrait de pépin de pamplemousse (Contient des traces de chlorure de benzalkonium.)
Aqua Harmonie de Pampers 99 % d'eau, coton bio, 0 % parfum et alcool

Le matériel idéal

La table à langer

J'ai passé 3 mois à chercher celle qui ne dégageait pas d'odeur de colle ni de peinture synthétique. Et... j'en ai trouvé dans les marques suivantes :
Pinolino, Alfred et Compagnie, Combelle, Leander (table à langer Linea)

Le matelas à langer

Eh oui, le problème quand on a acheté une table à langer saine (et qu'on est enceinte), c'est qu'on ne peut pas acheter autre chose qu'un matelas sain – surtout que je vous rappelle qu'on est enceinte, donc obsédée (possédée en vrai) par le naturel et la perfection... (Ça finit par passer, surtout pour la perfection !)
Vous trouverez votre bonheur (matelas sans phtalates) chez : **Pinolino** et **Rothos**

La housse

La folie continue, une table à langer et un matelas sains... Ce n'est pas pour y coller une housse en plastique.
Exemple de référence saine : **Easy Dort** pack de 3 housses pour matelas à langer en coton issu de l'agriculture biologique, certifié Oeko-Tex classe I standard 100.

LES BAINS-DOUCHES

LA BAIGNOIRE

Béaba, baignoire Camélé'O bleu : fabriquée en France, matériaux sans danger.

LES SERVIETTES DE BAIN

Privilégiez le 100 % coton ou coton bio.

Coup de cœur

Cape de bain **So'pure de Sophie La Girafe** à base de coton bio et de bambou, super absorption tout en douceur.

Verbaudet, cape de bain et gant de toilette en éponge 420 g/m² pur coton bio, certifié Oeko-Tex.
Little crevette Bio, sortie de bain à oreilles Baby Éponge en pur coton issu de l'agriculture biologique 550 g/m².

LE TAPIS DE BAIN ANTI-DÉRAPANT

Il est indispensable pour ne pas se casser la binette dans la baignoire, il est souvent en plastique et l'odeur qui s'en dégage est souvent un bon indicateur de sa nocivité !

On a trouvé une marque danoise géniale qui fabrique des produits en caoutchouc ou latex naturel issu de la sève d'hévéa, d'où son nom : **Hévéa**, tapis de bain douche 100 % caoutchouc naturel avec 200 ventouses.
https://heveaplanet.com

LA TROUSSE DE TOILETTE

La peau des bébés et des enfants est fragile et rarement très sale. Tous les dermatologues, allergologues, pédiatres vous le diront : le moins est le mieux ! On essaie bien sûr de vous vendre une panoplie de produits qui font plus de dégâts que de bien... Stop ! Les eaux micellaires, nettoyantes..., elles sentent le bébé, elles vous font plaisir MAIS elles sont bourrées de parfum et sont potentiellement allergisantes. Idem pour les sent-bon qui contiennent forcément... du parfum. On oublie et l'on retrouve la bonne odeur naturelle de son enfant.
Quelle que soit la marque que vous achetez, il est préférable de choisir des produits sans conservateurs de type parabens, méthylisothiazolinone ou phénoxyéthanol, sans tensioactifs mais il y en a souvent quand même (ammonium lauryl sulfate, sodium laureth sulfate, sodium lauryl sulfate) et sans parfum.

Conseil en or du Dr Annick Barbaud, dermatologue et chef de service à l'hôpital Tenon, à Paris

« Avec cette vague de dermatites atopiques chez les petits, je conseille un à deux bains par semaine à 37 °C et pas plus de 10 minutes. La douche, c'est très bien aussi. Mais attention à la tendance inverse, de ne presque plus les laver ! Il ne faut pas tomber dans les excès, il faut laver le siège régulièrement avec de l'eau et un tout petit peu de pain surgras. Pas besoin de faire mousser le savon. Il faut arrêter de décaper les peaux. »

La trousse de toilette bébé

- Une eau thermale en brumisateur (Avène ou Uriage par exemple) pour rafraîchir ou en cas d'érythème fessier
- Un liniment pour le change
- Un pain surgras Avène XeraCalm A. D, 100 g
- Ou une huile lavante Avène Aderma pour le bain
- Des gants coton bio, Lulu Nature

La trousse de toilette enfant

- Un pain surgras Avène XeraCalm A. D, 100 g
- Ou une huile lavante A-Derma, exomega control, 200 ml
- Un shampoing Natessance, Centifolia
- Des gants coton bio, Lulu Nature

Si vraiment vous souhaitez un trois en un pour les vacances : **Alphanova bébé,** bain moussant 3 en 1 bio, 500 ml
Et si vous avez besoin d'une crème hydratante, prenez conseil auprès de votre pédiatre, car tout dépend du type de peau et/ou du problème de peau de votre enfant.

LE DENTIFRICE

Sur la brosse à dents de l'enfant, on n'en met certes qu'une noisette mais, dans les premiers temps, la noisette finit plus au fond de la gorge que dans le lavabo. Ainsi, mieux vaut choisir un dentifrice exemplaire sans...

- Triclosan : un antifongique et antibactérien, classé comme perturbateur endocrinien
- Parabens : ces conservateurs sont suspectés d'être allergisants et des perturbateurs endocriniens
- Dioxyde de titane : classé « cancérigène possible » par le CIRC (Centre international de recherche sur le cancer) depuis 2006
- Sodium lauryl sulfate : c'est ce dérivé de l'huile de palme, qui fait la mousse du dentifrice, qui donne l'impression de bien laver et qui pourrait accroître le risque d'avoir des aphtes !

… mais avec :

★ Une dose minimale de fluor : cet oligo-élément constitutif de l'ossature humaine et des tissus dentaires renforce l'émail dentaire et protège les dents des caries mais, avant 6 ans, les dentistes recommandent de ne pas dépasser la dose de 500 ppm de fluor (50 mg/100 g) dans la formule du dentifrice choisi.

Les alternatives naturelles

Sur les sites et dans les réseaux spécialisés

Argiletz, dentifrice enfants arôme fraise 75 ml : à base d'argile rose riche en oligo-éléments
Phytonorm, dentifrice enfant dragondents fraise 75 ml : sans fluor, aloe vera
Buccotherm, dentifrice enfants bio gel dès 3 ans 50 ml
Logona, dentifrice enfant à la menthe douce 50 ml
Pour les poussées dentaires de bébé : Buccotherm, baume gingival à l'eau thermale, bio, 50 ml

ON N'EN POUX PLUS !

Les poux sont les vraies terreurs des cours de récré… ils aiment les cheveux de votre enfant, mais aussi les vôtres ! Ils ne volent pas de tête en tête, en revanche, ils se déplacent de crinière en crinière quand nos enfants ont la bonne idée de se frotter les uns aux autres… Attention aux câlins en rentrant de l'école aussi, aux échanges de brosse à cheveux, de bonnet, de casquette et de doudous, sur lesquels les poux peuvent tenir 48 heures.

Quelques conseils, à la première alerte poux à la garderie, crèche, école :

★ Attachez les cheveux de vos filles et de vos fils. Ou coupez les court ! Inutile de laver les cheveux de vos enfants tous les jours, les poux aiment tout, les fibres capillaires sales et propres !

Regardez la tête de votre enfant dès qu'il rentre de l'école et soyez à l'affût : il se gratte la tête et derrière les oreilles, bingo ! Les poux se reproduisent très vite, ne les laissez pas s'installer chez vous !

Pour être sûr de les repérer, utilisez un peigne à poux avec dents métalliques pour plus d'efficacité et au-dessus du lavabo ou dans la baignoire pour les voir tomber. Si, comme moi, votre enfant a les cheveux hyper fins, avant de passer le peigne à poux, enduisez sa chevelure d'un petit peu de démêlant. Commencez par la nuque en allant vers la pointe du cheveu. Et n'oubliez pas de passer derrière les oreilles (les poux adorent le chaud et y pondent leurs lentes). Ensuite, on passe au traitement.

Pas besoin de spray anti-poux pour les taies d'oreillers, canapé et compagnie. Il faut simplement laver à 60 degrés le maximum d'éléments contaminés ! Pour le reste, recouvrez d'un drap les sièges de voiture, le sofa, le temps du traitement de votre enfant. Isolez 48 heures dans un sac : bonnets, taies d'oreiller, doudous.

Attention : pas d'huile essentielle de lavande derrière les oreilles ou sur le crâne car la peau est fine et cette huile essentielle est suspectée être un perturbateur endocrinien.

Les alternatives naturelles

Le plus naturel (et fastidieux. Mais efficace. Mais fastidieux. Mais...) : le peigne à poux métallique (mode d'emploi plus haut).

En revanche, question traitement, choisissez un anti-poux avec insecticide, ce n'est pas le plus naturel, mais c'est ponctuellement nécessaire pour vous débarrasser vraiment des poux.

L'idéal est un anti-poux qui contient de la diméticone (dérivé siliconé perturbant l'hydratation des poux, ingrédient qui « enrobe » et étouffe les poux).

Sur les sites et dans les réseaux spécialisés

Paranix, lotion extrafort anti-poux et lentes 100 ml
Pouxit XF anti-poux extrafort, lotion 200 ml
Duo LP Pro, lotion anti-poux et lentes 200 ml

SOUS LE SOLEIL... EXACTEMENT

Avant de vous conseiller des crèmes solaires, un point avec le Dr Annick Barbaud, dermatologue et chef de service à l'hôpital Tenon, à Paris :
« D'abord pas de soleil du tout avant l'âge de 3 ans. Ensuite, les plus grandes précautions pour les enfants sont : aller à la plage tôt le matin et en fin d'après-midi, mettre un t-shirt anti-UV, un chapeau anti-UV à large bord... C'est le meilleur moyen pour ne pas attraper un coup de soleil et 20, 30 ou 40 ans après... un mélanome. Il faut absolument respecter cette règle : ne pas s'exposer aux UV et encore moins exposer un enfant. »
Donc avant de tartiner nos enfants, on les préserve du soleil. C'est notre entière responsabilité. Nous, parents, appartenons à une génération qui n'était pas informée des méfaits du soleil. J'ai passé mon enfance en plein cagnard sans protection. Bilan : un capital soleil épuisé depuis bien longtemps... Voici du matériel et des conseils.

Coups de cœur

La tente de plage **Miasun** : ultra légère et compacte (vous la glissez dans votre sac de plage), 100 % coton, 100 % made in France, labellisée IFTH (Institut français du textile et de l'habillement), anti-UVA/UVB… Elle permet un coin d'ombre aéré aux enfants pour jouer… Tôt le matin ou après 16 heures !
www.miasun.fr
+ les tentes Décathlon !

LES VÊTEMENTS ET CHAPEAUX ANTI-UV

On en trouve chez **Décathlon, Ki et La.**

Coup de cœur

La marque française **Mayoparasol** *www.mayoparasol.com*
Les tissus offrent une protection maximale en bloquant plus de 98 % des UVA et UVB grâce au tissage ultra-serré des fibres. Ils ne contiennent aucune substance chimique nocive (Label Oeko-Tex 100). Respirants, ils résistent au chlore, au sel, et sèchent vite. Ils sont de plus super doux et très confortables. Ils conviennent pour la baignade comme pour la balade. Large choix de modèles, très jolis !
Également un large choix de chapeaux anti-UV.
Vous avez le choix entre manches et jambes courtes ou longues. Dans le nord de l'Europe, on couvre totalement les enfants, chez nous on a peur qu'ils aient trop chaud. En réalité, ils ont moins chaud dans ces vêtements couvrants. Le plus raisonnable pour leur santé, c'est d'opter pour la combi ou le t-shirt anti-UV et le legging. Question taille : près du corps pour la baignade (plus ample pour la promenade).

LES LUNETTES

On voit beaucoup d'enfants sur les plages l'été, dans l'eau sans lunettes alors que les parents, eux, en portent… Pensez bien que vos enfants sont encore plus sensibles à la lumière avec leurs yeux tout neufs !

Tu sais ce qui protège VRAIMENT TROP BIEN du soleil, Maman ?
Les glaces !
Tiens donc...
4 boules minimum pour une protection optimale !

Coup de cœur

La marque française **Ki et La** : *www.kietla.fr*
Ces excellentes lunettes existent du bébé à l'enfant avec ce super concept de la paire Diabola qui s'utilise dans les deux sens. Un sens de 0 à 9 mois... puis on les retourne et elles se portent de 9 à 18 mois ! Ses atouts : monture et verres incassables, verres en polycarbonate de protection maximale : catégorie 4. Les couleurs sont extra, ça compte aussi !

Et quand il vous reste un peu de peau à protéger...

LES CRÈMES SOLAIRES

C'est l'un des cosmétiques les plus difficiles à conseiller.

Explications et conseils du Dr Annick Barbaud, dermatologue et chef de service à l'hôpital Tenon, à Paris

Faut-il acheter des crèmes solaires bios ?
« Elles n'apportent pas plus pour le consommateur. Dans les écrans chimiques des crèmes solaires, il y a beaucoup de perturbateurs endocriniens et des molécules néfastes pour les coraux. Dans les écrans minéraux sous forme nano, c'est surtout l'oxyde de zinc qui est nuisible pour les coraux. En attendant que l'industrie cosmétique invente l'écran qui respecte le consommateur et l'environnement, je préfère quand même conseiller un écran imparfait (lorsque l'on regarde la composition en type de protection environnementale et de perturbateurs endocriniens) plutôt que de prendre le risque d'avoir un mélanome parce que c'est un cancer terrible... lié aux coups de soleil. »
Les ingrédients à repérer et à bannir ?
« Je milite pour que l'on puisse avoir des produits sans perturbateurs endocriniens en particulier sans benzophénones parce que c'est vraiment la famille la plus méchante, et derrière il y a ce que l'on appelle les benzylidène-camphre : ceux-là, il est largement temps de les supprimer. »

Quelle protection ?
« Les vêtements anti-UV et une protection 50 pour les enfants sans faillir ! »

Les alternatives naturelles

Au supermarché

Cien, sun spray enfant SPF 50, Lidl
Nivea Sun Kids Protect & sensitive 50+
Garnier Ambre solaire Resisto enfant 50+

Sur les sites et dans les réseaux spécialisés

Mustela, lait solaire très haute protection – SPF50+, 100 ml
Avène, spray solaire enfant 50+, 200 ml
Aderma spray enfant très haute protection, 200 ml

À TABLE ! AU SEIN !

LES BIBERONS

En verre ou en plastique… ou en amidon de maïs ?
★ En verre : il est naturel et ne contient pas de produits toxiques. Mais il est plus fragile et peut casser.
DBb Remond : biberons en verre, garantis sans bisphénol A (perturbateur endocrinien), sans PVC, sans phtalates et sans polycarbonates. La tétine de ce biberon est en caoutchouc
www.lesitedbb.com
★ En plastique : les biberons sont plus légers, incassables et sans bisphénol A depuis mars 2011, à condition de les avoir achetés dans l'Union européenne.
Philips Avent : cette marque a une gamme très complète de biberons des plus simples aux antireflux, anticolique. Ils sont en plastique polypropylène, sans BPA. Assortis de tétines diverses en silicone dont les « natural », qui reproduisent la sensation « mamelon de maman ». Le silicone est – selon les études réalisées par la marque – une matière

neutre : les tétines n'ont ni goût ni odeur et sont généralement plus durables que les tétines en caoutchouc. Attention, les tétines en caoutchouc sont en latex et certains bébés y sont allergiques.
En vente sur les sites spécialisés, pharmacie, parapharmacie.
Le Biberon Français, tétines (silicone) et flacons (tritan) fabriqués en France.
Le tritan, c'est le plastique à la mode, sans BPA et dans l'état actuel des connaissances, il n'a « pas d'activité endocrinienne », c'est-à-dire qu'on ne retrouve pas de trace des composants du tritan dans l'eau, sur le matériau neuf et après vieillissement, c'est un matériau inerte.
Avantage pour le biberon : il est léger, robuste, et ne capte ni les couleurs ni les odeurs.

En matière végétale dont l'amidon de maïs

Viéco : le laboratoire de cette marque a créé la matière BIOBASED®, 100 % issue d'éléments végétaux (dont le maïs). Elle est issue d'une matière végétale, le PLA (acide polylactique). Le PLA provient des plantes et ne contient aucune substance toxique. Sa résistance à la température varie de – 20 °C à 100 °C.

LES SUCETTES/TÉTINES

Celles que j'aime de la marque **Philips Avent** sont en silicone, ce n'est pas le matériau le plus naturel mais, encore une fois, selon les études réalisées par cette marque et d'autres, il n'y aurait pas de risque pour le bébé.
Il existe des sucettes plus naturelles en caoutchouc 100 % naturel (issu de la sève d'hévéa) : les marques **Sophie La Girafe**, **Goldi** et **Hévéa**. Il faut les tester pour voir si elles conviennent en termes de forme à votre bébé et, surtout, si votre bébé n'y est pas allergique.
Pensez à changer régulièrement les sucettes en fonction de l'usage. Quand votre bébé a des dents, elles s'abîment vite. Un renouvellement toutes les 4 à 6 semaines est recommandé.

LES CONTENANTS

Assiettes, verres, couverts, l'offre pour nos petits est essentiellement plastique et plus précisément en mélamine. Et on soupçonne la migration de particules de ce plastique dans les aliments quand l'assiette est chauffée ou même quand l'aliment chaud est posé dans ce contenant. Par précaution : gardez la mélamine pour les repas froids et pique-niques, et optez pour du verre pour le chaud. Attention, les matières naturelles, comme le bambou ou l'amidon de maïs, sont malheureusement toujours mélangées à un peu de mélamine, au moins en vernis. À vous de voir...

Pour manger

Pour les bébés

★ **Béaba**, pot de conservation en verre. Après avoir préparé mes purées et compotes, je les conserve au réfrigérateur dans ces contenants sains et très jolis. Au moment du repas, j'ôte le couvercle et les réchauffe au bain-marie.

★ **Sophie La Girafe** coffret naturel So pure, assiette, bol, cuillère, verre en bambou, maïs et bois, biodégradable et un vernis de mélamine. Tout passe au lave-vaisselle, mais n'est pas compatible avec le micro-ondes.

Pour les plus grands

Attention, la vaisselle pour enfants, qu'elle soit bon marché ou design, est souvent en mélamine. On l'a déjà dit, ce plastique chauffé au micro-ondes ou au contact de nourriture chaude serait toxique. Donc si vous craquez pour cette matière, réservez-la aux plats froids et, surtout, ne la passez pas au micro-ondes. De la même façon, nous nous méfions des contenants en silicone.

Une vaisselle en bambou, bois, inox, même en céramique, faïence pour vos enfants à partir de 4 ans.

Le set repas pour bébé **Biobu d'Ekobo** : assiettes design en bambou et vernis de mélamine (la marque précise : adaptée à tous types de nourriture et de liquides non bouillants).

Les couverts : on les préfère en **inox** plutôt qu'en silicone (même si les marques nous prouvent par test qu'il n'y a pas de migration d'éléments néfastes dans l'alimentation, on applique le principe de précaution).

Pour boire

Verre en inox, plastique ou mélamine à condition de ne pas y verser un liquide chaud.

★ Les gourdes en verre : **Lifefactory**, gourde en verre sur *www.sans-bpa.com*

★ Les gourdes en plastique (pour les liquides froids).

Coups de cœur

Qwetch, des contenants 100 % inox 18/8 : bouteille, gourde, bento, mug...

Gobi, une petite gourde fabriquée en France. Elle est légère, solide, stable, transparente et personnalisable avec ses petites étiquettes intérieures. Elle est en tritan, un matériau sans BPA, inodore, qui ne jaunit pas avec le temps et passe au lave-vaisselle. Attention, pas de liquide chaud à l'intérieur. Il faut la rincer le soir et ne pas la reboucher afin qu'elle respire et ne sente pas bizarre ! *www.gobilab.com*

En ligne

Site pour acheter sans BPA : *www.sans-bpa.com*

LA CUISSON

Pour chauffer les biberons

Chauffe-biberons vapeur ou bain-marie, mais évitez les chauffe-biberons qui chauffent l'eau dans un réservoir en plastique, sauf s'il est expressément sans BPA (et encore... principe de précaution, par quoi le BPA a-t-il été remplacé ?...). Pour les nettoyages des biberons, je les rince à l'eau claire et je frotte avec un goupillon puis je les ébouillante dans un grand bol en inox ! Par ailleurs, c'est plus économique...

Pour les repas

Coup de cœur

Babycook Néo de **Béaba :**
C'est le robot mixeur/vapeur le plus sain que nous ayons trouvé. Les matériaux utilisés sont impeccables : bol en verre pour mixer, cuve et panier inox pour mettre les légumes ou fruits, lame inox à double niveau pour éviter les petits morceaux coincés.
Il cuit à la vapeur douce, mixe, mouline, hache, décongèle et réchauffe à la vapeur.
Il se rince très facilement à l'eau immédiatement après utilisation. Son design est sublime, bleu nuit ou blanc-gris. Et comme il va passer au moins 4 ans sur votre plan de travail, ça vaut le coup !
Pour conserver les purées et compotes : **Béaba, pots de conservation en verre.** Ils sont sains, peuvent être réchauffés au bain-marie et sont assortis au babycook !

Bon à savoir

Même si vous n'avez qu'un seul bébé, vous pouvez acheter le Babycook version « duo » avec deux bols, vous gagnerez un temps fou, car vous pourrez cuisiner deux repas ou un repas et une compote en même temps !

LES LAITS

Attention, sujet sensible. Nous ne prendrons pas la place du pédiatre car chaque bébé est différent. Régurgitations, coliques, digestion, antécédents familiaux, éventuelles intolérances... De manière générale, dès que vous pouvez passer au lait bio, foncez.

Les bavoirs, les langes, les gants

Du coton si possible, bio ou Oeko-Tex.
Des gants coton bio, **Lulu Nature**.

Le coussin d'allaitement

Il est indispensable de votre grossesse à la fin de l'allaitement et même plus tard. Il passe 9 mois entre vos jambes pour soulager votre dos, votre ventre puis de multiples semaines autour de vos seins pour poser votre bébé que vous allaitez ou nourrissez au biberon. Il sert aussi de petit cocon pour votre nourrisson. Bref, vous le respirez à longueur de temps, votre enfant aussi. C'est idéal de choisir une enveloppe en coton et une garniture naturelle et non issue de la pétrochimie.

Coup de cœur

Le coussin d'allaitement naturel de la boutique en ligne bio et écolo **la Ferme des peupliers.** L'enveloppe du coussin est 100 % coton naturel et la garniture du coussin en balles d'épeautre.
www.ferme-des-peupliers.fr

Il existe beaucoup de marques saines sur Internet et dans les boutiques bios.

LE DRESSING

LES VÊTEMENTS

Pour les bébés et les enfants, achetez peu mais bien. L'idéal est de choisir pour les matières qui sont en contact avec la peau

de votre bébé des matières en coton bio (certifiées **GOTS**) ou, quand elles ne sont pas issues de l'agriculture biologique, certifiées Oeko-Tex Standard 100 (textiles et colorants non toxiques). Ce label s'applique aux chaussures et chaussons, mais c'est beaucoup plus difficile à trouver. Nous ne sommes qu'aux prémices de cette révolution saine !
Bodies, pyjamas, gigoteuses, vous pouvez trouver sans vous ruiner ces bons produits un peu partout :
Kiaki, Monoprix, Petit bateau, Verbaudet, Cyrillus ainsi que dans certaines grandes surfaces.
www.kiaki.com
www.monoprix.fr
www.petit-bateau.fr
www.verbaudet.fr
www.cyrillus.fr

Coups de cœur
Les marques que l'on découvre sur Instagram ou Internet, qui ont de petites collections, adorables et saines :
La ravissante marque de notre amie Agathe Lecaron : **RonRon.** Un trousseau adorable (bodies, pyjamas, turbulettes...), 100 % bio.
www.ronronparis.com
Lucky Mum : sweats, t-shirts, marinières pour les enfants et les mamans ! Les messages sont fun : « the world is mine », « quand mon cœur fait boum », « l'enfant de l'amour ».
Les textiles de cette marque détiennent les labels Oeko-Tex et GOTS (coton biologique cultivé sans OGM, sans produits chimiques et le coton est transformé et teinté sans substances toxiques prohibées). En plus, les usines où les créatrices se fournissent sont auditées par la Fair Wear Foundation, qui assure des « conditions de travail dignes ».
www.luckymumparis.com
Lililotte : très jolie marque de vêtements pour enfants de 3 mois à 12 ans « bio chic bon genre » en coton bio certifié GOTS. Le design est adorable et la qualité top.
www.lililotte.com/fr

LA LESSIVE

Retrouvez tout le topo (vraiment bien fait !) dans le chapitre maison.
On la conseille sans ces conservateurs-là même s'ils sont rincés (principe de précaution) : méthylisothiazolinone, méthylchloroisothiazolinone, benzisothiazolinone et... sans parfum (pas facile à trouver) : Ecover zéro, lessive liquide, 1,5 l.

Les alternatives naturelles

Sur les sites et dans les réseaux spécialisés

• Pour la lessive :
Ecodoo, lessive concentrée écologique, 5 l
Etamine du lys, lessive liquide blanc et couleur, 3 l
L'artisan savonnier, lessive liquide concentrée 5 l
• Pour le détachant :
L'arbre vert, 500 ml
Etamine du lys, spray détachant couleurs vives, 125 ml
Bulle verte tous textiles 1 l

C'EST LA RÉCRÉ !

LES JOUETS

Très difficile d'avoir une caisse de jouets totalement saine 100 % tissu bio, bois et caoutchouc en sève d'hévéa... !
Pour les bébés, c'est plus simple, et heureusement, car ils portent tout à la bouche pour goûter, pour comprendre... On doit les laisser faire sans les empoisonner.

Pour les bébés

Coup de cœur

La collection de jouets **So'pure de Sophie La Girafe,** tout est en caoutchouc 100 % naturel, issu de la sève de l'hévéa et les motifs ou la couleur en peinture alimentaire. Mon bébé n'a que ça à la bouche : la girafe classique, les anneaux de dentition (en fonction de vos goûts), la Senso'ball pour développer la préhension, les balles et cubes de couleur pour travailler la motricité, le jouet de bain facile à attraper et étanche, le bandana à mordiller (super invention) !
www.sophielagirafe.fr

Autres marques sympas et saines :
Konges Slojd, la marque danoise très branchouille fait de beaux anneaux de dentition sur *https://fr.smallable.com*
Oli et Carol, jouets fabriqués à la main qui ont de jolies formes (carotte, banane, pastèque…) sur *www.bebe-au-naturel.com*
Pour les doudous : voir plus loin, page 226 « Au dodo dis donc ! ».

Pour les plus grands

On est moins regardantes car, à partir de 3 ans, les enfants ne mettent plus tout à la bouche. Mais, pour les plus sévères en la matière, il y a les jeux en bois, des peluches et des poupées en tissu comme la poupée souple de la marque belge **Hoppa** : coton issu du commerce équitable, certifié GOTS – coton issu de l'agriculture biologique.
Les super jouets en plastique recyclé : **les Minis Mondes**.
Vous trouverez de nombreuses références de jouets sains sur les sites ci-dessous, attention certains sont sains pour l'environnement (écologique), mais pas forcément pour la santé de votre bébé. À vous de bien lire les compositions complètes sur le site et de contacter si vous manquez d'infos le service clients (c'est mon sport national et ça fonctionne plutôt bien !).

Les sites de vente de jouets écolos et/ou sains

Les Minis Mondes
www.lesminismondes.fr
Bébé au naturel
www.bebe-au-naturel.com
Mômes compagnie
https://momes-ecompagnie.com
Ekobutiks, la boutique écolo des tout-petits
www.ekobutiks.com
www.ekobutiks.com/121-goki-jouets-en-bois
Greenweez
www.greenweez.com

Coup de cœur

On est folles folles folles de « **Ma fabrique à histoires** » de Lunii, sans ondes et sans écran à partir de 3 ans. C'est comme une petite radio qui raconte des histoires à votre enfant. Il choisit les différents éléments qui composeront son histoire : un héros, un compagnon, un lieu et un objet. Dans la boîte, il y a déjà 48 histoires. Quand vous en aurez fait le tour, vous pouvez en télécharger d'autres sur le Luniistore. La fabrique se recharge par câble micro-usb. Autonomie de la batterie : 10 heures. Super aussi pour les voyages (option casque possible).

LE MAQUILLAGE DE DÉGUISEMENT ET LE VERNIS

Vous n'y couperez pas… alors soyez au point tout de suite.

Coup de cœur

Namaki, kits de maquillage avec 99 % du total des ingrédients d'origine naturelle, 10 % sont issus de l'agriculture biologique. Thématiques : princesse et papillon, mondes enchantés, vie sauvage, arc-en-ciel.
Et ses excellents vernis : sans solvant, sans odeur et « pelables » (que t'as pas besoin de dissolvant pour les enlever !).
http://namaki.fr

LE TAPIS D'ÉVEIL

Voici quelques propositions naturelles !
Deuz : tapis d'éveil 100 % coton biologique / matelas en polyester. Ce tapis d'éveil bio (dessous en éponge fuchsia) est entièrement imprimé avec des encres naturelles non toxiques !
Creacoton : tapis molletonné réversible, tous les cotons utilisés sont imprimés avec des encres non toxiques et certifiées Oeko-Tex 100.
Moulin Roty : tapis d'éveil les Jolis Trop Beaux, pas bio mais en lange très doux.

Les bons conseils pour une chambre d'enfant propre

Lavez les doudous et tous les jeux qui se portent à la bouche régulièrement !
N'accumulez pas les peluches dans la chambre de votre bébé ou de votre enfant, ce sont des attrape-poussière. Je les range dans un sac à jouets **Nobodinoz**, ils sont souples, se ferment et sont adorablement jolis. *www.nobodinoz.com/fr*
Et moi… Zéro peluches ! J'ai toujours demandé à la famille et aux amis qui veulent faire des cadeaux d'acheter plutôt des livres ou des jeux éducatifs pour, justement, éviter 1) l'accumulation inutile, 2) les nids à poussière.
Lavez les peluches de temps en temps.
Aspirez les rideaux et le lit une fois par mois.

AU DODO DIS DONC !

DE 0 À 3 ANS

Le berceau

Étonnant, mais rares encore sont les berceaux dont les tissus sont Oeko-Tex ou en coton bio certifié GOTS. Voici cependant trois solutions testées et validées :

La Baby Box French Poupon

C'est une grande mode en Finlande : faire dormir son bébé dans un carton. Cette box est même offerte par le gouvernement aux jeunes mamans avec du matériel dedans. Gratuite, écolo et saine pour l'enfant de la naissance à 6 mois. En France, pas de cadeaux, mais rien ne vous empêche d'essayer. J'ai testé ce berceau en carton **French Poupon,** solide, beau, j'ai beaucoup aimé. Seul bémol, mon bébé était si grand et costaud qu'au bout de 3 mois il donnait de tels coups dans les parois en carton qu'il ne pouvait plus dormir… Nous non plus ! Les atouts de cette boîte pour les bébés (plus conventionnels !) :

- Elle est fabriquée en carton vierge, sans colle, ni encre toxique, ni substances chimiques.
- Elle se déplace facilement, elle ne pèse qu'1,5 kilo.
- Elle sert de table à langer : un second matelas est disponible en supplément pour garnir le couvercle.
- Elle peut s'adapter sur un support en bois à bascule qui, plus tard, deviendra banc ou premier bureau.
- La boîte au-delà des 6 mois d'usage pourra servir de coffre à jouets, boîte de rangement !

https://frenchpoupon.fr

Le berceau **Babybjörn** dont les textiles sont testés et certifiés selon la norme Oeko-Tex 100, classe 1. Ils se détachent facilement pour être lavés. Les pieds sont en bois de hêtre.
Comme mon fils est vraiment grand et que je voulais le garder jusqu'à 6 mois près de moi, j'ai choisi le Berceau Cododo, Next 2 Me Dream de **Chicco**. Les textiles n'ont rien de naturel, c'est du polyester. En revanche, j'ai remplacé le matelas fourni par un matelas 100 % latex **Kadolis**, plus sain à respirer… à défaut de trouver la formule berceau/matelas 100 % saine !

Le lit

L'idéal, un lit à barreaux :

- en bois non traité
- ou peint avec du vernis à l'eau.

La marque **Pinolino** propose les deux versions.

Coup de cœur pour le lit Hanna en bois brut, du hêtre entièrement non traité et non verni.
Disponible chez Bébé au naturel, Greenweez.
La marque **Alfred et Compagnie** fait de très bons lits jusqu'à l'adolescence !

Bon à savoir

À moins qu'il soit fabriqué dans un tissu bio, lisse, et parfaitement attaché sans aucun risque que votre bébé puisse se le « prendre sur la tête », on évite le tour de lit, trop dangereux.

Coup de cœur

Le lit Parapluie Light **Babybjörn**, dont voici la composition : toile du lit, 100 % polyester, protège-matelas, 70 % polyester, 30 % coton, conforme à la norme Oeko-Tex 100, classe 1. De la naissance à 3 ans.

Le matelas

Grosse prise de tête, car grosse offre sur le marché : polyuréthane, latex, coco, aloe vera… c'est quoi tout ça ?! Mais c'est le XXIe siècle ! On a trié et essayé !

Un bon matelas pour bébé, c'est :

- Un matelas neuf.
- Qui correspond parfaitement aux dimensions du lit, surtout pas d'espace entre le matelas et les barreaux du lit.
- Qui doit faire entre 10 et 13 cm d'épaisseur.
- Qui doit être déhoussable pour une bonne hygiène.

Ensuite pour un matelas naturel, foncez sur le site **Kadolis** (spécialisé en matelas bios) : *www.kadolis.com*
C'est avec lui que j'ai fait mon éducation « matelas naturel ».
Et voici ce que j'ai appris :

- Un matelas en matières naturelles est antibactérien et anti-acariens sans aucun traitement chimique. Et un lavage régulier du coutil du matelas en machine est bien plus efficace qu'un traitement chimique antiacarien et plus sain pour la santé de bébé.
- Les pédiatres préconisent de coucher les bébés sur un matelas de densité semi-ferme, une densité comprise entre 20 et 22 kg/m^3.
- Le matelas **Coco Latex** est 100 % naturel. Son cœur est composé de fibres de coco qui assurent une parfaite circulation de l'air et en font un matelas antiallergique et antibactérien totalement naturel. Une couche de latex naturel (86 % de taux de pureté) vient apporter le flex et le rebond qui manquerait à un matelas 100 % coco. La housse du matelas est en Tencel® pour améliorer la régulation de la température.

Si vous optez pour un matelas latex, il doit être 100 % en latex.

Souvent les matelas en coton bio, latex ou aloe vera sont associés à un cœur en mousse de polyuréthane (chimique). J'aime moins !

Autres sites et marques qui font de bons matelas naturels :
Biosense
www.biosense.fr
Alfred et compagnie
www.alfredetcompagnie.com

Le drap housse

100 % coton ou coton bio et de toute façon garanti sans traitement chimique et certifié Oeko-Tex :
Kadolis, La Redoute et beaucoup d'autres marques !

L'alèse

100 % coton ou coton bio et de toute façon garanti sans traitement chimique et certifié Oeko-Tex + fine membrane polyuréthane (et surtout pas en PVC), à la fois étanche et respirante (on ne peut y couper… sinon le lit est trempé).

La gigoteuse

100 % coton ou coton bio, et de toute façon garanti sans traitement chimique.
Monoprix, grandes surfaces, et beaucoup d'autres marques !

3 ANS ET PLUS

Le lit

Brut ou peint à l'eau (ça tient moins bien, c'est sûr, c'est le prix à payer selon nous) :
Alfred et compagnie
Pinolino

La couette

Difficile d'échapper au polyester dans le rembourrage mais assurez-vous au moins que l'enveloppe est 100 % coton certifié Oeko-Tex.
Il existe tout de même des couettes rembourrées de coton bio ou en Tencel®, pas plus chères que leurs homologues en polyester sur les sites :
Ethicolours *www.ethicolours.com*
Eco sapiens *www.eco-sapiens.com*

L'oreiller

Vous avez le choix entre ces différents garnissages naturels :
- Carbone de bambou
- Latex
- Balles d'épeautre
- Soie
- Ou en polyester mais avec une housse en coton (en coton bio si vous trouvez !).

Ça a un coût, mais vu le temps que nos petits pioncent dessus...
Ethicolours *www.ethicolours.com*
Eco sapiens *www.eco-sapiens.com*
Bien entendu, pas d'oreiller pour les nourrissons et les bébés ! Il est banni jusqu'à 2 ans révolus.

Le transat

Coup de cœur

Les transats physiologiques **Babybjörn** :
- Transat Bliss en jersey 3D, un nouveau matériau tout doux, en 100 % coton ou en Mesh (polyester). Oeko-Tex 100, classe 1.
- Transat Balance soft en 100 % coton ou en Mesh (polyester) Oeko-Tex 100, classe 1.
- De la naissance (plus de 3,5 kg) à 2 ans.

Les coussins, les poufs, les plaids, le tapis

En vérité, il faut limiter les apports d'attrape-poussière dans une chambre d'enfant… À vous de doser.
On aime beaucoup la marque aux matériaux sains :
Noboninoz
www.nobodinoz.com/fr

Les doudous

Les Danois sont les rois du doudou bio. Certes, ils sont plus chers que leurs homologues en coton basique… Mais quand on voit le nombre d'heures qu'un doudou passe sur le nez, la bouche et la joue de notre enfant, ça vaut peut-être le… coût !
Voici trois très jolies marques danoises :
Konges Slojd, **Fabelab**, **Cam Cam** sur *https://fr.smallable.com*
Une marque belge : **Hoppa**. 90 % coton bio et garnissage 100 % laine, qui capte les odeurs familières du bébé. Vous serez peut-être étonné, les doudous sont minimalistes, parfois sans expression de visage, parfois avec une expression neutre, c'est pour laisser libre cours à l'imagination débordante des enfants. Pourquoi pas ! Sur *www.berceaumagique.com*
Les très jolis doudous français **Juste inséparables**, 100 % en coton Oeko-Tex sur *https://lacabanedescreateurs.com*
D'autres doudous bios sur le site : *https://sebio.fr*
D'autres doudous très jolis et doux, mais ni bios ni certifiés Oeko-Tex : **Moulin Roty.** Les doudous lange 100 % coton, qui s'adoucissent avec le temps.

Bon à savoir
Attention, un article non Oeko-Tex ne veut pas dire forcément nocif.

SUR LA ROUTE !

LES ÉCHARPES DE PORTAGE ET LES PORTE-BÉBÉS

C'est l'un des accessoires qui m'ont le plus pris la tête dans mes mois de jeune maman... J'ai fini par trouver ce qui me convenait le mieux, mais cela reste mon expérience.

L'idéal est l'écharpe de portage à nouer autour de soi. Ma marque préférée pour le naturel de ses matières (Oeko-Tex 100) et la solidité : **Je porte mon bébé** (JPMBB). Je l'ai utilisé pour mes deux bébés. Elle permet de porter votre enfant jusqu'à ses 36 mois. En revanche, un conseil vraiment indispensable : faites-vous briefer par une sage-femme ou prenez un cours de portage. Vous serez tranquille pour des années.

Pour ceux ou celles qui préfèrent le porte-bébé : il doit être physiologique (ça signifie qu'il respecte la morphologie de votre bébé... Ça paraît fou, mais des marques connues ne jouent pas le jeu et peuvent à terme abîmer le dos de votre enfant). Je porte mon bébé (JPMBB) en propose. Mais aussi **Babybjörn** : le porte-bébé One Air en Mesh (nouvelle matière souple, douce, aérée, certifiée Oeko-Tex).

LES POUSSETTES

Trouver une poussette dont les textiles sont Oeko-Tex 100, c'est difficile voire impossible. Voici l'une des seules marques qui s'y engage :

la nouvelle marque allemande de poussettes **Bonavi**.

www.bonavi.fr

LE SAC À LANGER

Coup de cœur

Le sac à dos à langer San Francisco de **Béaba** en tissu et… cuir vegan ! Plein de poches très pratiques, un matelas à langer, une pochette linge sale, une pochette isotherme et des attaches universelles pour poussette.

D'autres sites pour en savoir plus

https://blog-maison-ecologique.fr : maman, papa et bébé bio, des astuces et découvertes pour leur famille bio.
www.mondebio.com
www.cubesetpetitspois.fr
https://santeenvironnementalebebe.wordpress.com : des rubriques très bien faites, notamment « Mon guide santé bébé » et « hygiène et cosmétique pour maman et bébé ».

CHAPITRE 5

Miaou, wouaf

DU NATUREL POUR NOS BÊTES

Chiens et chats partagent notre vie. Comme pour nous, nous sommes à la recherche du meilleur pour eux. Qu'est-ce qui est bon pour leur santé ? Comment prendre soin d'eux sans les empoisonner ? Quid de nous à leur contact ?

Nos règles d'or

1) Comme pour nous, je privilégie les étiquettes courtes concernant leur alimentation, sans additifs ni perturbateurs endocriniens.
2) Je garde un œil sur les céréales, elles ne doivent pas être le premier ingrédient listé !
3) Je fais très attention aux huiles essentielles et je consulte toujours mon vétérinaire avant d'en utiliser si j'ai des animaux.
4) Je choisis un collier antipuces bio ou une préparation maison.
5) Je préserve l'hygiène de mes animaux pour préserver celle de mon chez-moi... et vice versa !

L'ALIMENTATION

Alors n'attendez pas de nous que l'on vous dise : voici LA marque idéale de pâtée ou de croquettes. Pourquoi ? Parce que cela est très aléatoire d'un animal à un autre. En revanche, nous vous donnons les astuces et les clés pour éviter le pire et opter pour le « moins mauvais ». On ne va pas se mentir, il y a de tout au rayon alimentation des animaux et, malheureusement aussi, du pas très bon voire du très mauvais. Perturbateurs endocriniens, additifs, sucres, aliments de qualité médiocre... Et l'étiquette reste souvent floue.

Comme pour notre alimentation, on se méfie des slogans sur l'emballage : « sans OGM », « sans céréales »... Ça veut tout dire et rien dire. De même, ce n'est pas parce que c'est

BIO que c'est bon. C'est souvent mieux, mais on décortique quand même l'étiquette. (Voir plus loin, p. 238.)

Bon à savoir

- Si le prix n'est pas un gage d'excellence à 100 %, il y contribue. Si vous pouvez, évitez les tout petits prix au supermarché.
- Gardez en tête que « l'alimentation est une prescription ». Prenez le temps de discuter avec le vétérinaire – votre meilleur ami ! Vous pouvez avoir deux chats ou deux chiens et les deux ne mangeront pas la même chose.
- N'oubliez pas la fameuse visite annuelle chez votre meilleur ami justement, mais ne vous sentez jamais obligé d'acheter CHEZ votre vétérinaire, c'est souvent plus cher.
- On vous conseille d'oublier tout ce qui est vegan. Cela ne correspond pas du tout aux chiens et aux chats. Si vous voulez un animal vegan... prenez un lapin !

BOÎTES OU CROQUETTES : LE CASSE-TÊTE

Chats

Voici votre problème... Et notre solution !
Les pâtées, c'est souvent encore plus « n'importe quoi » que les croquettes. Oui mais pour les chats, elles ont un avantage : elles contiennent plus d'eau. Les chats ont tendance à ne pas boire assez et ils ont les reins fragiles. Si votre chat boit beaucoup, pas de problème pour les croquettes, sinon préférez une pâtée bio après avoir épluché l'étiquette.

Coup de cœur
Yarrah Bio
www.yarrah.com/fr

Pour les croquettes, soyez aussi vigilant car elles contiennent de l'amidon souvent mal toléré par les chats. Une bonne idée : alternez entre croquettes et pâtées (sans déséquilibrer la ration) et voyez ce que cela donne.

Chiens

Ils tolèrent en général mieux les croquettes que les chats, car ils digèrent mieux l'amidon.
Dans les pâtées : attention aux additifs et aux sucres. Celles de bonne qualité coûtent vite très cher. Autre avantage de la croquette : cela évite que la pâtée traîne dans la gamelle et se dessèche. On en met la quantité suffisante, puis on jette ou en remballe ce qui reste.

Un réflexe essentiel : décrypter l'étiquette

Toutes les informations qui apparaissent sur l'étiquette sont soumises à une réglementation spécifique et les industriels doivent adhérer à la FACCO (Fédération des fabricants d'aliments pour chiens, chats, oiseaux). La liste des matières premières est obligatoire. Comme pour les aliments humains, elles sont citées dans l'ordre décroissant de leur importance. Regardez bien les mentions !

- « Aliment complet » : signifie que cela assure une ration journalière.
- « Aliment complémentaire » cela veut dire qu'il faut associer d'autres aliments pour que la ration soit complète.
- « Sous-produits animaux » : on garde les « morceaux nobles » pour l'alimentation de l'être humain, on récupère les « déchets » pour les animaux. Peu fiable !
- « Au goût bœuf » ou « avec du bœuf » : à éviter (quantité entre 4 et 14 %). On privilégie la mention « Pur bœuf », qui signifie 100 % de bœuf ou « Marque bœuf » (entre 26 % et 100 %).
- « Cendres » correspond en fait aux minéraux. C'est ce qu'il reste une fois que la nourriture est complètement incinérée en laboratoire. Il est préférable que ce taux soit faible car lorsque les minéraux sont présents en trop grande quantité, ils peuvent favoriser l'apparition de calculs.

Bon à savoir

Pour les croquettes, certaines étiquettes indiquent une proportion élevée de céréales et faible de protéines. Or, elles ont plus de risques de receler des mycotoxines, et apportent des glucides en trop grande quantité. Beaucoup optent pour les croquettes « sans céréales », mais pour certains professionnels, le « sans céréales » ne serait pas gage de meilleure qualité, car ces croquettes « sans » compensent avec d'autres sources d'amidon.

À faire soi-même

On appelle cela la « ration ménagère ». Elle doit s'établir selon la race et les caractéristiques de votre animal et être concoctée sur les conseils d'un vétérinaire. Attention, il faut être très consciencieux. La ration ménagère c'est 100 % « NATUREL » : il faut du temps, c'est un peu plus cher selon la viande ou le poisson que vous achetez, mais vous êtes sûr du contenu de sa gamelle.

Le menu idéal avec le Dr vétérinaire, Géraldine Blanchard, spécialiste en nutrition clinique vétérinaire

www.cuisine-a-crocs.com

Tous les éléments suivants doivent être mélangés au cours du même repas.

- De la viande (blanche ou rouge… poulet, dinde, veau, agneau) ou du poisson, à cuire quelques minutes.
- Un complément de minéraux et de vitamines adapté (qui existent en poudre ou en comprimés).
- Des légumes cuits.
- De l'huile de colza cru (pour les acides gras essentiels).
- Un féculent (riz ou pâtes, cuits bien sûr et jamais congelé / décongelés / recongelés).

Les quantités changent, mais les proportions restent si vous donnez des croquettes le matin et une « ration ménagère » le soir.

La méthode BARF

C'est la mode du « tout cru » pour votre bien ou votre chat. Le Barf, c'est un savant équilibre entre viande, abats, fruits et légumes, huiles et os.
Réponse de Géraldine Blanchard :
« Le chien n'est pas un loup et le chien n'est pas un homme. Il faut être vigilant quant aux proportions, mais aussi quant aux risques sanitaires. Si vous lui donnez du cru comme de la volaille, et qu'elle est porteuse de bactéries comme les salmonelles, votre chien ne sera pas nécessairement malade, mais ses selles pourront contenir des salmonelles. Et si vous avez des enfants en bas âge, ils peuvent être contaminés. Le jeu en vaut-il la chandelle ?
Je conseille de pocher la viande 5 minutes à 70 °C à cœur, cela ne change rien du tout à la qualité de la viande. C'est une immense sécurité pour les personnes partageant le quotidien de votre animal. »

UN BRIN DE TOILETTE

Les conseils de Caroline Coutret, championne internationale de toilettage (« Le Paradis Canin », Paris, 5e)

- L'huile de cade (petit arbre très courant en Méditerranée, on le trouve notamment dans les maquis) est très efficace contre les pellicules et les odeurs.
- L'huile d'argan pour nourrir le poil.
- L'aloe vera pour protéger et hydrater la peau.
- Pour les yeux, du sérum physiologique.

Bon à savoir
Soyez très vigilant avec les huiles essentielles. Beaucoup sont toxiques pour les animaux de compagnie. Certains chiens peuvent être allergiques (au lavandin notamment...).

Doit-on laver un chat ?

Combien de fois a-t-on entendu : « Mais non ! Un chat fait sa toilette tout seul ! »
Faux ! En ville par exemple, il faut le laver. La gueule d'un chat contient plein de bactéries. On vous laisse imaginer lorsqu'il passe sa journée à se lécher le poil… En revanche, il faut laver son chat beaucoup moins qu'un chien. Pas plus d'une fois par mois. Si vous l'habituez dès tout petit, il n'aura peur ni de l'eau ni du séchoir. Ce sera même un vrai moment de détente pour lui !
Attention tout de même à ne pas trop vouloir laver vos animaux. Dans la nature, ils ne s'enduisent ni de parfums ni de cosmétiques !

Sur les sites spécialisés

Ladybel
Puppy Idealplant, notamment pour les shampoings

Bon à savoir

Les poils des chats et des chiens seraient très réceptifs à la pollution de nos intérieurs : pollution par la colle, laque et peintures, vernis des meubles, par la cigarette...
Plutôt que de l'embêter avec des crèmes, des sprays et autres, aérez bien votre pièce et ne fumez pas à l'intérieur – ou tout simplement pas du tout, hein, qu'en dites-vous ?

LE COIN PROPRE

Les chiens et les chats n'aiment pas l'odeur du vinaigre et celle de la javel leur donne envie… de faire pipi ! Donc, non. Pour nettoyer leur bac, vous pouvez par exemple prendre un nettoyant au savon noir et huile de lin de la marque **Briochin**, **Body nature** ou l'**Arbre vert**.
Quant à leurs couvertures et tapis, le mieux reste de les laver avec un peu de lessive douce, hypoallergénique.
Pour les gamelles ou les jouets (au passage, on évite le plastique), soit on stérilise à l'eau bouillante, soit on dilue un peu de bicarbonate de soude dans de l'eau, on laisse tremper puis on rince abondamment.

LA PHARMACIE

Attention danger ! Certains médicaments nous font du bien à nous mais pas à eux, comme le paracétamol (molécule uniquement réservée à l'humain). Même chose pour l'aspirine, un comprimé de 500 mg peut tuer un chien de 10 kg – ou l'Ibuprofène, qui présente une toxicité gastro-intestinale.
À votre chien, vous pouvez donner un peu de charbon en gélules lorsqu'il a la diarrhée (testez toujours avec une petite dose pour commencer).

Pour les articulations : donnez-lui un peu de moule verte (moule dont la coquille est verte). On la trouve en Nouvelle-Zélande… (bon, d'accord, c'est un peu loin…). Depuis 2014, elle est officiellement utilisée dans l'élaboration de compléments alimentaires pour chien, notamment pour soigner l'arthrose avec de « la griffe du diable » (harpagophytum), très bon anti-inflammatoire. Contre l'arthrose spécifiquement, donnez-lui du brocoli cuit (bon courage pour lui faire avaler, on attend vos retours d'expérience avec impatience).

Pour détartrer les dents : l'idéal, c'est le brossage (nan nan pas du tout une galère…). Vous pouvez aussi lui donner un vrai os à moelle à ronger (uniquement pour les gros chiens) en faisant très attention à ce qu'il ne l'avale pas. Méfiance, certains chiens peuvent se coincer la mandibule dans le trou de l'os… Soyez vigilant pour éviter de finir aux « urgences dentaires des chiens » !

COMMENT LUTTER CONTRE LES PUCES ET LES PARASITES DE FAÇON NATURELLE ?

On vous conseille d'opter pour le collier antiparasites bio et nature. Vous en trouvez par exemple chez **Anibiolys**, collier 100 % naturel et biodégradable, ou chez **Beaphar**, bio.
La poudre d'ail en granules est un excellent antiparasitaire naturel, avec modération.

Le bon conseil pour prévenir les tiques : dès que vous rentrez de promenade, palpez votre animal... (Mais vraiment, tout doit y passer... cuisse, sous le ventre... Ne pas hésiter à l'ausculter partout !)

À faire soi-même

Vous pouvez aussi préparer vous-même votre potion naturelle. Pour cela, il vous faut une base, d'amande douce par exemple, à laquelle vous ajoutez de la citronnelle, du cèdre, du lavandin (ou pas ! Attention aux allergies), de l'eucalyptus, de la menthe poivrée, ou encore de l'extrait de margosa, un antipuce naturel dont l'arbre est originaire d'Inde... (pas du tout près non plus...). Vous mélangez et vous appliquez en petite quantité sur les poils. Cela évite aux parasites de monter sur l'animal. Faites toujours un essai sur une petite partie de sa peau.

Encore une fois attention, on vous rappelle que les huiles essentielles peuvent être allergisantes... Exposées au soleil, elles peuvent aussi entraîner des brûlures ! Donc évitez de le badigeonner partout avant d'aller faire une promenade de 4 heures sous un soleil de plomb.

Pour les piqûres d'aoûtats, tentez la méthode douce et naturelle : du talc pour bébé. Il faut l'appliquer (même plusieurs fois par jour) et masser délicatement à la base du poil... Vous remarquerez que la zone à traiter deviendra orangée.

Bon à savoir

Pour apaiser votre animal ou anticiper une situation qui pourrait être stressante (voyage en train, avion, voiture, passage chez le vétérinaire), un peu de **Fleur de Bach.**

Il existe aussi la formule Rescue pour les animaux, le **Rescue Remedy Pets**, qui s'achète en pharmacie. Il associe cinq essences, dont la Fleur de Bach.

LES POILS

On vous explique : la grande tendance ces dernières années, c'est la tondeuse. Mais ce n'est pas DU TOUT naturel !
Retour aux fondamentaux d'autrefois : l'épilation et les ciseaux !
Ce que l'on appelle « épilation » consiste en fait à enlever le « poil de jarre », aussi appelé le « poil de couverture » ou « premier poil », avec une pierre ponce ou une pierre volcanique. Normalement les chiens de chasse s'épilent naturellement dans la nature. Ils perdent le surplus de poils lorsqu'ils se frottent contre les buissons ou rentrent dans les terriers.
Selon les races de chiens, soit on épile, soit on coupe.

- On épile : principalement les chiens de chasse : teckel, fox, scottish, schnauzer, épagneul, cocker, setter, griffon, fauve de Bretagne, cavalier king-charles, jack et autres chiens à poil dur.
- On coupe aux ciseaux : toutes les fourrures et les poils un peu mous et souples comme le caniche, yorkshire, bichon, coton de Tuléar…

Ne cherchez pas à couper trop. Ces chiens doivent garder le poil long ! Quand on coupe trop, on dénature la qualité du poil, on change sa texture et donc la ligne et l'allure du chien. C'est une catastrophe ! Pensez à vous, mesdames, avec un dégradé raté ou une frange en quinconce…
Pour les chats, on ne coupe pas les moustaches qui dépassent. NON et non et non ! Ce n'est pas du tout naturel. Ce sont des récepteurs folliculaires qui permettent de protéger le museau et de ressentir les changements ou les vibrations.
Pour les chiens, c'est moins grave – sauf pour les chiens de chasse à qui on ne coupe JAMAIS les moustaches, on comprend pourquoi (chiens DE CHASSE !).

Les animaux, un nid à microbes ?
avec le Dr Sophie Silcret-Grieu, allergologue attachée à l'hôpital Trousseau (AP-HP), à Paris

Il faut distinguer deux choses : les allergies et les infections.

Les allergies :

Lorsqu'un enfant est en contact avec un animal chez lui dès la naissance, il le tolère en général plutôt bien. En revanche, cette immunité peut s'estomper lorsque l'exposition cesse.

Les animaux doivent rester à l'extérieur de la chambre même quand l'enfant est absent.

Pour le chat, il faut passer un gant humide une à deux fois par semaine sur son pelage pour enlever les allergènes. Après un câlin avec un chat, on habitue son enfant à se rincer les mains et le visage. Si vous êtes allergique au chat, on ne le remplace pas par un lapin ou un hamster, car le risque d'apparition d'une autre allergie est élevé.

Les infections :

Il existe plusieurs types d'agents infectieux : les bactéries, les virus, les champignons et les parasites.

- Les bactéries : la maladie des griffes du chat, transmise par griffure. Vous verrez l'apparition d'une plaque avec de petites vésicules autour. Très souvent c'est bénin, mais si un ganglion apparaît, il faut consulter.

La maladie de Lyme peut être transmise indirectement par votre chien si vous attrapez sa tique. (C'est quand même assez rare… On vous rassure.)

Certains oiseaux peuvent transmettre la psittacose… Le symptôme : une sorte de grippe.

Aquarium : en changeant l'eau, vous pouvez attraper des bactéries… Lavez-vous bien les mains après.

- La teigne : infection fongique causée par un champignon. Les chats et les chiens peuvent la transmettre.

- Parasites :

Toxoplasmose : on sait que c'est une maladie bénigne mais attention elle est grave chez la femme enceinte et le fœtus. Elle est transmise par le chat le plus fréquemment. Bien souvent, les femmes enceintes sont immunisées sans le savoir – dès que vous avez été en contact avec des chats pendant votre enfance, par exemple.

Toxocarose : transmise par les chiens et chats principalement dans les bacs à sable. Les symptômes : fièvre, infections oculaires... Il faut traiter tout de suite. Un conseil, lavez bien les mains de vos enfants après les sorties au parc.

Sachez enfin qu'il existe une gale des animaux, mais que celle-ci ne peut pas se transmettre à l'humain.

- Infections virales : il y en a peu... La plus connue c'est... la rage !

Bon à savoir

On connaît le pouvoir de la « ronronthérapie » et les effets miracles que peuvent procurer un chien, un chat au contact de l'être humain... Ils apaisent les enfants, les personnes âgées, apportent du réconfort aux malades, font office de pansements doux. On a envie de vous dire oui pour un animal, c'est l'anti-stress, l'antidépresseur naturel... MAIS attention, un chien, c'est contraignant : il faut le sortir très régulièrement – plusieurs fois par jour –, lui offrir de longues promenades, on ne l'abandonne pas et on s'assure qu'on peut lui offrir un minimum de temps et d'attention au quotidien. C'est un vrai engagement (vous êtes au courant... !).

NOS AMIES LES PETITES BÊTES

N'oubliez pas toutes celles qui peuplent la planète... Nous les aimons au naturel, dans une forêt, dans les mers, en pleine nature, libres comme l'air et... en bonne santé !
Pour mémoire : pas de plastique, on ne jette rien dans les mers, les rivières ni la nature !

LES ABEILLES

Elles déclinent en France, car elles doivent résister aux herbicides, fongicides, insecticides, parasites, à l'agriculture intensive... Le saviez-vous ? Les abeilles pollinisent 80 % des plantes à fleurs. Nous en avons besoin !
Dans les jardins, sur les balcons, on plante des fleurs... Choisissez des fleurs mellifères, qui contiennent du nectar et du pollen. Installez aussi des abris utiles : rondins de bois ou autres pour les abriter.

En ligne
Une association, qui veut repeupler les champs avec des fleurs pour les abeilles.
Flowersforbee.com

LES OISEAUX

Selon une étude menée en Allemagne, plus de 76 % des insectes volants auraient disparu depuis 1989 et une autre révèle qu'il manque 1/3 des oiseaux des champs depuis 15 ans en France.
Dans vos jardins, créez un espace accueillant pour les oiseaux... Les haies sont un lieu privilégié (cyprès, thuyas, prunellier...). Offrez-leur aussi quelques nichoirs en bois et, surtout, l'hiver, on accroche des boules de graisse aux arbres.

LES VERS DE TERRE ET AUTRES INSECTES

Créez un compost dans votre jardin. N'utilisez pas de produits comme les herbicides, insecticides.
Si vous avez un potager, adoptez la rotation des cultures pour ne pas épuiser le sol.
Créez des petits coins pour les insectes : tas de pierres ou de bois...
On évite au maximum les éclairages extérieurs, qui gênent les papillons de nuit et, de toute façon, ce n'est pas bon pour la planète.

Vivre au naturel, c'est aussi penser à tout cela.

CONCLUSION

REMERCIEMENTS

CONCLUSION

Voilà. Consommer « naturel », c'est essayer – et c'est déjà pas mal – de vivre plus simplement, plus légèrement (si, si), plus économiquement. C'est aussi se dire que l'on peut vivre plus longtemps en meilleure santé.
Nous espérons que la lecture de ce guide vous aura aidé à prendre conscience de tout cela et donné envie, à votre rythme, de changer certaines de vos habitudes.
Retenez une chose : accomplissez sereinement ce qui vous semble le mieux pour vous. Ne culpabilisez pas, gardez le meilleur, vous êtes forcément sur le bon chemin... En dépit du reste.
Alors, bonne route !

Marie et Sidonie

Retrouvez-nous sur :

Instagram : @sidoniebonnec @druckermarie
#npmpr

Et sur @editionsfayard

Nos remerciements vont bien entendu aux spécialistes qui ont nourri ce guide :

Le Dr Annick Barbaud, dermatologue et chef de service à l'hôpital Tenon, à Paris.
Le Dr vétérinaire, Géraldine Blanchard, spécialiste en nutrition clinique vétérinaire (*www.cuisine-a-crocs.com*).
Édouard Braud, Directeur des Partenariats Médias France et Europe du Sud, Facebook.
Christophe Brusset, ancien ingénieur agroalimentaire.
Christophe Cellier, chef de service d'hépato-gastroentérologie et endoscopie digestive, Hôpital européen Georges-Pompidou.
Le Dr Laurent Chevallier, médecin nutritionniste, attaché au CHU de Montpellier, et en cliniques.
Le Dr Anny Cohen-Letessier, dermatologue.
Caroline Coutret, championne internationale de toilettage (« Le Paradis Canin », Paris, 5e).
Le Dr Danielle Hassoun, gynécologue-obstétricienne.
Brigitte Jolivet, présidente de l'Afdiag (Association française des intolérants au gluten).
Morgane Kergoat, journaliste spécialisée dans le domaine animalier, auteure de *Vous êtes fous de leur faire avaler ça !*, Flammarion.
Marie-Sophie L., naturawchef.
Jacqueline Le Goaster, dermatologue, cancérologue, immunologiste, spécialisée dans la relation physiologique virus-cancer.
Romain Lebœuf, artisan-boucher, meilleur ouvrier de France.
Isabelle Legeron, diplômée du « Master of wine », spécialiste du vin biologique et nature.
Frédéric Le Manach, Directeur scientifique de l'ONG Bloom association.
Sophie Macheteau, auteure et spécialiste en bio-cosmétique.
Ôna Maiocco, auteure et créatrice culinaire, enseignante en cuisine bio, végétale et locavore.